O JOGO DO BELO E DO FEIO

J. A. GIANNOTTI

O jogo do belo e do feio

Companhia Das Letras

Copyright © 2005 by José Arthur Giannotti

Capa
Marcos Ribeiro e Marco Giannotti

Foto de capa
Cássio Vasconcellos

Preparação
Samuel Titan Jr.

Revisão
Olga Cafalcchio
Otacílio Nunes

Dados Internacionais de Catalogação na Publicação (CIP)
(Câmara Brasileira do Livro, SP, Brasil)

Giannotti, José Arthur
    O jogo do belo e do feio / José Arthur Giannotti — São Paulo :
Companhia das Letras, 2005.

    ISBN 85-359-0633-9

    1. Arte - Apreciação 2. Arte - Filosofia 3. Crítica de arte 4.
Estética 5. Obras de arte I. Título.

05-2704   CDD-701.17

Índices para catálogo sistemático:
1. Belo artístico : Estética   701.17
2. Obras de arte : Análise : Estética   701.17

[2005]
Todos os direitos desta edição reservados à
EDITORA SCHWARCZ LTDA.
Rua Bandeira Paulista 702 cj. 32
04532-002 — São Paulo — SP
Telefone (11) 3707-3500
Fax (11) 3707-3501
www.companhiadasletras.com.br

Sumário

Apresentação 7

I. Produção do objeto pictórico 21
II. Fazer ver 81
III. Anotações à margem 147

Apresentação

Ao longo da vida tive poucas oportunidades de escrever 1
sobre as belas-artes, principalmente sobre a pintura, com a qual
tenho convivido intensamente desde 1946, quando descobri o
modernismo e o reduzido acervo da cidade de São Paulo daqueles tempos. Mas o interesse por elas já era suficiente para me
imaginar professor de estética numa universidade brasileira. Os
primeiros contatos com a academia, principalmente com Gilles-
Gaston Granger, me fizeram, porém, mergulhar na Lógica e na
História da Filosofia. Por certo nunca me contentei integralmente com a filosofia do conceito nem com a análise estrutural
de textos, a não ser quando encontrava algum fio que me levasse a refletir sobre a razão prática responsável tanto pela montagem das teorias como pela articulação das estruturas sociais.
Seguindo os passos de minha geração, mergulhei na fenomenologia, mas pelo viés da lógica husserliana, prestando um último
tributo ao racionalismo epistemológico francês, enriquecido,
porém, com perguntas sobre as relações que o pensamento e o
juízo mantêm com a experiência e o mundo da vida cotidiana.

Nessa trilha, nada mais natural do que me aproximar de Marx, privilegiando a gramática e o estatuto ontológico do capital como processo de racionalização e alienação aquém do discurso. Na dialética entre as forças produtivas e as relações de produção, particularmente no modo de o capital ser ao mesmo tempo fato e norma, história e presença simultânea de elementos a congelar uma forma muito específica de trabalho social, encontrei um caminho para repensar o mundo da vida como articulado por sistemas não-verbais. A noção de jogo de linguagem, elaborada por Ludwig Wittgenstein, foi a chave de abóbada que me permitiu voltar à estética, mas agora do ponto de vista do juízo e não das intuições e da mística romântica. Como se avalia um objeto artístico, como se lhe aplica a bipolaridade do belo e do feio? Convém esclarecer desde logo que, ao empregar a palavra "belo", não estou me comprometendo com uma visão particular da beleza, ligada à harmonia ou ao refinamento. Interessa-me apenas a forma pela qual se *diz* que um quadro é belo ou feio, sendo que a primeira palavra pode ser substituída por "grande", "*big*" ou até mesmo por um palavrão. Se a discussão contemporânea se fixa nos limites entre a arte e seu oposto, o que me importa é o juízo que estriba essa decisão, juízo que passa a atribuir valores conforme se ampliam e expandem os caminhos necessários ao fechamento dele.

Não sendo afeito a sondar minha alma ou as condições psicológicas de qualquer trabalho, mencionei alguns pontos de meu percurso intelectual para deixar claro que não estou abandonando interesses antigos, mas tão-só dando vazão à minha teima em entender aquilo que poderia ser tomado como uma espécie de fabricação da razão, com tudo o que à primeira vista pareça esdrúxulo nisso. Pensar a obra de arte como um juízo *sui generis*, tarefa que obviamente retoma um desafio kantiano, também irriga minha antiga obsessão pelo *logos* prático, pela articulação sistêmica da vida cotidiana, na medida em que esse juízo se fixa na própria obra em sua qualidade de condutora do olhar. Antes de tudo, espero mostrar que um quadro ou uma escultura articula uma forma de racionalidade visível, vindo a ser ao mesmo tempo o fato de uma obra única e um sistema de normas que faz ver. Se me demoro na pintura, nem por isso me proíbo de extravasar algumas vezes para o campo da escultura e dos trabalhos contemporâneos, impossíveis de serem tipificados segundo a tradição. Como veremos, esse ir além é intrínseco ao entendimento de qualquer obra. Não me vejo competente para falar de outras artes, nem mesmo acredito que a bipolaridade do belo e do feio, assim como a descrevo, possa ser transferida para elas sem alterações profundas no seu funcionamento. Também não creio que se possa tomar o juízo estético como gênero cujas espécies apenas variariam no interior da mesma matriz. Se ele se mostra pelos exemplos, outros percursos chegarão ao "mesmo" resultado, desde que se reflita sobre o sentido enigmático dessa mesmidade. Aliás, a identidade de uma obra de arte sempre deu o que pensar.

Somente por meio de exemplos poderei insistir no caráter normativo de um quadro. Mas os resultados desse procedimento diferem muito pouco daqueles obtidos por um crítico ligado à tradição fenomenológica. E não poderia ser de outro modo. Se um quadro faz ver, faz também que qualquer pessoa, suficientemente treinada, venha a ser capaz de reagir semelhantemente às promessas por ele feitas: o que se diz de imediato dessa experiência deve ser alinhavado pelo fio da semelhança. No entanto, os enunciados dos pressupostos a partir dos quais o juízo estético se processa — e não há avaliação neutra, sem pressupostos — mostram-se cruciais no modo pelo qual se pensam as belas-artes, seja no nível mais simples da crítica, seja naquele mais intrincado que as situa no contexto de outros saberes ou formas de expressão, seja por fim no tecido da história e da "crise" e "decadência" do Ocidente. O comentário da pintura e de seu lugar no mundo do espírito depende da prosa que dela fala.

2   A controversa noção de jogo de linguagem desempenhará papel relevante no curso das próximas reflexões, e por isso convém esclarecer desde logo o que entendo por ela. Bem sei que tratarei de problemas delicados, mas o esboço que procurarei desenhar poderá servir pelo menos para situar o leitor numa discussão infindável. Creio ser mais honesto indicar as dificuldades encontradas no meio do caminho do que empurrá-las para baixo do tapete.

Nem sempre os sistemas simbólicos funcionam explicitando o que querem dizer. Quando grito para uma criança: "Corra!", ela correrá ou não, mas nenhum de nós estará preocupado em explicitar que a palavra "corra" significa o comando de andar depressa numa direção correta. Além do mais, ela não funciona se a criança não aprendeu a reagir diante dela de modo *adequado*. Ao perguntar o que essa palavra quer dizer, ressalto seu caráter de enunciado, *vendo-o como* sentença da língua portuguesa, *como* imperativo e assim por diante. Tudo se passa *como se* víssemos o mesmo de outro modo, acentuando as maneiras pelas quais ele se apresenta como *ato* de dizer algo *segundo regras*. Se alguém gritar "*Run away*" e a criança sair na disparada, e se eu mesmo não souber inglês, nunca poderei saber se ela entendeu a frase ou se, assustada, saiu correndo, como um animal negativamente estimulado. Para que eu *saiba* e *diga* que estou diante de uma frase, é preciso considerar o ato da fala *como determinado* por regras. Mas então passo a ver a frase de um ponto de vista gramatical, ou melhor, lógico.

A lingüística ou uma teoria científica da linguagem não tratam a expressão sob esse prisma, pois estudam uma língua tal como se dá, elaborando hipóteses sobre seu funcionamento, hipóteses, aliás, que podem ser verificadas ou não no decorrer do debate científico. Não há dúvida de que vêem nessa expressão um sistema de regras a serem seguidas pelos falantes do português ou do inglês, mas o que lhes importa é decidir se um enunciado, uma frase e assim por diante são formações corretas da língua dada. Daí a importância do testemunho prestado por quem já aprendeu o idioma. Decerto, os lingüistas não estarão de acordo a respeito do modo pelo qual se cria essa correção — lembremos como se dividem em estruturalistas, behavioristas, cognitivistas e assim por diante. Mas nenhum deles, suficientemente treinados, discordaria que *"Run away"* configura uma correta expressão da língua inglesa.

Suponhamos, contudo, que eu diga: *"Run away*, meu caro amigo, antes que termine o *show"*. Um brasileiro não precisa saber muito inglês para entender a frase, pois as palavras inglesas empregadas se reportam a experiências comuns passíveis de serem expressadas de tal maneira que *"run away"* e "corra" transformam-se em sinais de um mesmo signo. Desprezadas as diferenças irrelevantes para o processo de comunicação, o enunciado, dito desta ou daquela maneira, passa a fazer parte do mesmo jogo de linguagem. Jogo, em primeiro lugar, porque a regra, embora semelhante, não se iguala a outras da língua portuguesa que tornam esse enunciado malformado. Em segundo, porque os sinais que serão transformados em signos ainda não estão inteiramente determinados. Mas, do ponto de vista da comunicação, do que os interlocutores querem dizer, o enunciado tem sentido na medida em que estes passam a reagir a ele de forma adequada ou inadequada.

Se a análise se limitasse ao conteúdo do que esses interlocutores querem dizer, seria suficiente recorrer a dicionários para que todos entrassem em acordo. Mas esse processo os levaria a girar num círculo, de uma frase a outra. Para evita-lo, resta substituir a pergunta "*o que* significa" pela pergunta "*como* significa". Em resumo, antes de examinar o que os enunciados dizem, é preciso estudar suas condições de significabilidade. Por certo não há como sair da linguagem, mas nela existem procedimentos que apontam para seu exterior a despeito de se manterem dentro dela. É o que acontece com o ato de mostrar, que, embora tendo seu sentido determinado pelo verbo "mostrar", se reporta ao que está além da linguagem. Um jogo de linguagem é, pois, uma invenção construída para mostrar como funcionam expressões significativas, sendo que tais expressões podem ainda ser consideradas sob um ângulo a partir do qual seu sentido se exibe. Se um deles for composto por nomes a indicar como um servente deve ajudar um pedreiro, essa composição é feita para mostrar os limites de uma linguagem meramente nominal. Mas se os jogos de linguagem podem simplesmente ser inventados, por que interessam ao conhecimento?

Provavelmente ninguém pergunta pela significação de um enunciado se não passar pela experiência do desentendimento. Quando não se entende é que se pergunta "O que isso quer dizer?". Fala-se de algo e logo surge um contra-dizer, mesmo que este seja um atrito que impede o dizer. É por isso que Wittgenstein resume seu projeto afirmando que lhe interessa o estado civil da contradição. Não entende essa contradição como aquela proposição complexa que nunca seria verdadeira, uma vez que os valores de verdade das proposições relativamente elementares não se conciliam, pois isso resulta de um cálculo aplicado às proposições iniciais. Interessa-o, isso sim, o ato de contra-dizer o que está sendo dito, mesmo quando essas duas atividades possam conviver pacificamente.[1] No entanto, não importa qualquer contradição civil, visto que a amostragem de jogos de linguagem semelhantes e diferentes poderia continuar ao infinito. Essa atividade só passa a ter sentido se funcionar como terapia dos problemas filosóficos, se mostrar como nascem em geral de erros gramaticais. Sem ter em vista esses problemas, um texto de Wittgenstein carece de sentido.

Convém não se esquecer o significado muito particular que Wittgenstein empresta à noção de gramática. Não legisla sobre frases a fim de mostrar que são bem compostas e por isso pertencem ao português ou ao latim e assim por diante. Importa-lhe mostrar condições de significabilidade através de exemplos capazes de sugerir limites de certos modos de dizer. Somente assim tem sentido o recurso a uma antropologia imaginária, o que seria um contra-senso na análise gramatical corrente. Cabe-lhe então mostrar como sinais passam a ser articulados entre si a fim de ganhar sentidos, mas de tal maneira que essa passagem indique as atividades em que ela se assenta. Por exemplo: imaginemos que um aluno seja capaz de contar, enumerando as coisas na seqüência dos números naturais. Desse modo ele sabe o que significa uma seqüência de números, visto que domina a *técnica* de enumerar. Agora passamos a lhe mostrar como se forma a seqüência dos números pares. A partir de um momento ele diz: "Ah, já sei", e continua a contar. Ele simplesmente ampliou sua técnica, passou a entender o que vem a significar a seqüência dos pares. Nunca, porém, estaremos totalmente seguros de que, depois de 1 000, não passe a dizer 2 000, 4 000 e assim por diante. A técnica aprendida é um costume, uma *forma* de viver que todos nós experimentamos em

---

1. Cf. meu livro *Apresentação do mundo* (São Paulo: Companhia das Letras, 1995), cap. VII.2.

conjunto até o momento da discrepância. Por sua vez, as coisas enumeradas, os enunciados de cada número, os hábitos etc. necessitam estar articulados de tal modo que desenhem um mundo comum. De outro modo, nossas experiências divergiriam, pondo fim ao processo de comunicação.

Os jogos de linguagem são *montados* e *descritos*, montados à medida que passam a exibir regras que regulam a conduta de indivíduos capazes de aprendê-las; descritos, porém, a partir de nossa própria língua, que assim enuncia o modo de ser de tais regras. Do mesmo modo, indicam as condições necessárias que os sinais e os signos devem obedecer para cumprir suas funções. Nada nos impede de tomar a língua portuguesa como um jogo de linguagem. O enunciado "A casa está caindo" se reporta a um estado de coisa que pode ser verdadeiro ou falso. Desse ponto de vista, ele afigura uma situação. Mas, ao escrever essa frase, estou certo de que "'casa' se escreve com quatro letras". Essa última frase evidencia uma condição necessária para que se escreva o enunciado, embora essa maneira de escrever possa ter nascido de uma convenção. Nada impediria que, em português, se escrevesse "caza" com z, ou ainda que, se tivesse prosperado a aventura de Villegaignon na baía de Guanabara, o português brasileiro grafasse "casse". No entanto, uma vez que o brasileiro e o francês contemporâneos vivem um mundo comum, a despeito das diferenças, os dois podem compreender o sentido de "casa" como equivalente, *mutatis mutandis,* a "*maison*".

Não se deve confundir um enunciado a respeito de uma situação com aquele outro que apenas informa os meios necessários para que o jogo de linguagem seja montado. O primeiro é sempre bipolar, é um meio de representação que pode ser verdadeiro ou falso, conforme a situação seja ou não o que ele diz que é; o segundo é monopolar, indica meios de apresentação do jogo de linguagem, condições de sentido das representações bipolares, sem os quais, no interior desse jogo, nenhuma dessas representações, não importa se verdadeira ou falsa, significaria algo. Ora, essas descrições de como os sinais — inscrições gráficas, sons, gestos — se transformam em signos e passam a integrar jogos de linguagem constituem proposições gramaticais, lógicas, também ditas de essência.

Ora, as condições necessárias para que os símbolos possam funcionar — tais como sua perdurabilidade, as relações pertinentes que os distinguem, as experiências comuns permitindo que as regras sejam seguidas etc. — dizem respeito, todas elas, ao condicionamento lógico de jogos de linguagem. Segue-se que o conceito de *forma* de vida é meramente *lógico*, nada tendo a ver com o conceito fenomenológico de *mundo* da vida. Se por certo remete a experiências, é porque essas experiências passaram a valer na qualidade de condições do entendimento, pressupostos do dizer, mas nunca do viver. Nada mais absurdo do que uma experiência que não seja experimentada; mas, ao ser dita, seu enunciado tanto pode representar o conteúdo vivido, como apresentar pressupostos requeridos para que regras possam ser seguidas. No primeiro caso, a experiência aparece na qualidade de estados de coisa possíveis, de ações representadas, de ordens transmitidas e assim por diante; no segundo caso, na qualidade de forma indubitável a condicionar o processo de entendimento. Desse modo, essas formas de vida, na sua função lógica, desenham um mundo, uma totalização de eventos, cujo fechamento, todavia, somente pode ser armado em virtude de sua função lógica. Vivemos no mundo, mas somente podemos nos comunicar se todos nós tivermos como pano de fundo uma *imagem de mundo*, um mapa de nossas experiências comuns. É preciso, portanto, não confundir *Lebenswelt*, conceito fenomenológico que remete a uma experiência anterior ao discurso e, por conseguinte, configura o chão a partir do qual ele se articula, com *Weltbild*, conceito lógico, conjunto de experiências que somente podem ser postas em conjunto no plano dos meios de apresentação. Se é condição necessária para que se articulem jogos de linguagem, esta nunca será uma condição suficiente.[2] A necessidade é inventada, como aponta Jacques Bouveresse num belo livro, mas a partir de condições dadas, de fatos muito gerais da vida cotidiana, que não se apresentam como fatos, mas como imagem deles. Essa sua transformação em imagem é simultânea à construção dos sistemas simbólicos, de modo que um lado não é condição, sintoma do outro. Resolvem-se em meros pressupostos do dizer com sentido, nada tendo a ver com sua construção de fato. Para a instauração da racionalidade ainda vale o lema goethiano: "no princípio era o ato".

Não creio que o conceito de mundo tenha o mesmo estatuto no *Tractatus* e nas últimas obras de Wittgenstein. Enquanto teimava em procurar uma única forma lógica para qualquer proposição, o mundo podia ser pensado como a totalidade do que é o caso, isto é, de tudo o que acontece segundo regras. Se essas regras, no fundo, possuem a mesma forma comum, todos os seus casos podem assim ser ditos por proposições, de tal modo que, em tese, seria possível estabelecer um limite preciso entre aquilo que pode ser falado e o que não o pode. Por isso, as proposições que descrevem a linguagem como afiguração do mundo são meramente absurdas, escada a ser abandonada no final do percurso. Depois que a unicidade da forma lógica se mostra ilusória, depois que a unidade de cada discurso é dada por um jogo de linguagem que, por sua vez, pode resolver-se em outros entrelaçados, é a própria idéia de *tudo* o que é o caso que vem a ser questionada. É no processo de entendimento que se

2. Cf. L. Wittgenstein, *Über Gewissheit* (Nova York: Harper Torchbooks, 1969).

constrói uma imagem de mundo, à medida que ele mesmo se tece. Desse novo ponto de vista, a imagem do mundo é fluida, uma vez que cada jogo de linguagem é abertura para o novo.

Nessas condições, essa imagem do mundo se torna totalização aberta, sem fronteiras precisas, impossível de ser experimentada como o chão da racionalidade, simplesmente porque é parte inerente do próprio discurso, condição que este redesenha para que possa ser entendido. Nunca *bem* entendido, como se a comunicação também não se fizesse por ordens, por verdades aparentes, por mentiras. Somente em condições especialíssimas os agentes se reúnem para chegar a um acordo consentido, embora a divergência de intenções possa ter sentido para eles. Para que jogos de linguagem, verbais ou não, logrem sentido, é preciso que os agentes se envolvam em processos de julgar, de separar o adequado do inadequado, bem como de ajustar os pressupostos dos quais partiram e que se mostraram inconvenientes. Mas esse julgar não implica que todos procurem chegar a um bom entendimento, a um acordo em que suas vontades se conciliassem. O senhor e o escravo julgam da mesma maneira o que cada um deve fazer, embora graças a esse julgar um mande no outro. Não é assim que se entendem?

Se a razão nada mais é do que essa contínua invenção da racionalidade, se esse esforço de dar sentido a nossos atos e, por conseguinte, de encontrar a razão deles serem *assim*, depende da montagem de discursos cujas proposições são centrifugadas em mono e bipolares, então o que ainda não pode ser expressado ronda aquilo que está sendo falado. Se um jogo de linguagem é sempre abertura para o novo, pois desde o início suas regras encarnadas em costumes estão sempre requerendo reajustes, a imagem do mundo exerce sua condição de meio de apresentação cercando-se de uma zona cinzenta em que o adequado e o inadequado ficam em suspenso. Não sei se Wittgenstein me acompanharia por esses caminhos que finalmente negam *o que* o *Tratactus* indicava como o místico. Em particular porque essa zona passa a ser o lugar de juízos estéticos e morais, de cuja possibilidade ele duvidava. No entanto, creio que a possibilidade de os seres humanos partilharem dos mesmos jogos de linguagem depende de um trabalho de ajuste tanto de seus modos de representação como de seus meios de apresentação, num processo contínuo de cobrir as inadequações marginais. A arte e a moral, precisamente na medida em que são capazes de aumentar ou diminuir o diâmetro do mundo, não preparam a seu modo o invento da razão? Eis nosso tema.

3   Antes, porém, de nos colocar a caminho, devo agradecer àqueles que tornaram este livro possível. Começo lembrando aqueles estudantes do Colégio Equipe que, em meados dos anos 1960, reuniam-se em casa, nessa época também casa de Rodrigo Andrade, para fazer suas tarefas escolares, discutir e tentar fazer arte. Alguns deles foram estudar com Sergio Fingermann, de cujas lições eu me aproveitei por tabela. Mais tarde, associando-se a outros colegas, formaram o grupo da Casa Sete. Foi nesse ambiente que o menino Marco, meu filho, cresceu e se tornou pintor; muito depois, já professor universitário, foi meu auxiliar na escolha da bibliografia adequada e eco deste texto. Fábio Magalhães, por sua vez, não podia prever que, ao me convidar para fazer uma conferência no I Fórum Internacional de Design, em 2001, me deixaria nas mãos uma batata quente da qual somente me desfiz depois de redigir este pequeno livro. As últimas versões foram lidas e discutidas por Alberto Tassinari, Lorenzo Mammì, Luiz Henrique dos Santos, Marcos Nobre, Rodrigo Naves e Ronaldo Brito, com os quais tenho mantido os

contatos mais diferentes, sempre de grande proveito para minhas reflexões. Finalmente, devo assinalar a cuidadosa e competente revisão de Samuel Titan Jr. e a supervisão cotidiana que Oneida Maria Borges, no Cebrap, exerce sobre meus trabalhos. A todos agradeço de meu coração.

São Paulo, agosto de 2004

1. Produção do objeto pictórico

Paul Klee dizia que a pintura faz ver. Não foi o primeiro nem o último a dizê-lo, mas, sendo ele grande pintor, preocupado com os desígnios das artes plásticas a ponto de inserir gráficos e palavras no quadro, na tentativa de levar a visibilidade à beira do sentido verbal, é de se esperar que sua frase encaminhe o pensamento para um terreno fértil. Não nos obriga a começar pela dualidade do quadro, ao mesmo tempo técnica de reprodução do visto e técnica de ver? Sabemos que essa ambigüidade marca a pintura de seus primórdios até a "crise" do século XX. Nesse longo período, um quadro, seja qual for a relação que a imagem mantém com o imageado, e mesmo quando esta se torna abstrata, consiste numa representação *construída* que sublinha aspectos da coisa ou do visível, ao contrário, por exemplo, do *ready made*, que é a própria coisa posta como obra de arte. Não é por essa construção de uma imagem que se refere ao imageado que convém começar a puxar o fio da meada, mantendo sempre no horizonte a ambigüidade do processo de ver? Se a pintura, pois, faz ver, é porque constrói imagens, sendo,

1.1

antes de tudo, arte, *techné,* maneira de imprimir forma a uma matéria, como diziam os gregos, mas também, principalmente depois do Renascimento, trabalho próprio a certo tipo de gente, arte liberal, isto é, atividade reservada sobretudo a homens livres. Além do mais, é guia, condutora do olhar, técnica adquirida no aprendizado de ver além da superfície plana de uma coisa algo mais que se mostra nela, embora quase sempre pareça existir independentemente dela. É, pois, arte de representar, num sentido muito amplo do termo, vale dizer, de tornar presente algo de ausente, evento do mundo que se integra no mundo sem estar ali. Existindo no cruzamento dessas arestas, um quadro representa algo do mundo, mas de uma perspectiva que faz ver algo por meio de seus aspectos capazes de exprimir algo a mais, que não é propriamente algo determinado mas apenas sugerido. Nessa tradição pictórica — que é nossa, sem ser a de todos os povos —, nada mais natural que a figura humana, com todas as suas ambigüidades e seus segredos, venha a ser o objeto por excelência, figura que é vista e que pode ver, mantendo, desse modo, relação dupla e contínua com o mundo. Não nos enganemos, porém: essa reflexão do ver e do se ver depende tanto da maneira pela qual o ser humano é percebido na ordem do universo como de uma série de outros fatores: o modo pelo qual se narra uma cena, pelo qual se pensa como a luz faz objetos serem vistos, pelo qual materiais se compõem para aguçar a visibilidade em busca de novos sentidos e assim por diante.

As pinturas, além do mais, são ditas belas e feias; em que medida essa bivalência se liga à forma pela qual elas representam algo do mundo? Nós mesmos mantemos com o mundo relações diferentes e complicadas. Desde logo, não sabemos para quem o mundo se abre. Seria para o eu com todas as suas determinações concretas, interesses e angústias, ou apenas para aquele traço que alinhava as representações pelas arestas e que os filósofos costumam chamar de eu transcendental? Seria para o eu sozinho, em seu isolamento abissal, ou para um nós coletivo, às vezes de festa, responsável pela articulação da sociabilidade? Em contrapartida, do ângulo do representado, o mundo se dá como simples totalidade de fatos ou como superposição de camadas de diferentes realidades, ou até mesmo como mundo de outros mundos? Não há como imobilizar esse fio de perguntas a não ser contando-o. É assim que direi que estamos no mundo, sem que essa afirmação me comprometa teoricamente com esta ou aquela doutrina fenomenológica; apenas tomo emprestado delas uma expressão e uma atitude. Mas seria ingrato não reconhecer, nas observações que se seguem, minha dívida com Merleau-Ponty e Heidegger no que respeita à ligação da arte com um *logos*, embora, no que concerne a este último filósofo, eu sempre trate de caminhar a contrapelo. Essa influência fenomenológica foi, entretanto, compensada pelo estudo de Wittgenstein, que me levou a refletir sobre a dualidade do *ver* e do *ver como*, e cuja crítica ao pensamento analítico tem me permitido continuar com minhas obsessões dialéticas.

Voltemos ao quadro; ele nos reduz irremediavelmente à condição de vidente de..., o que não acontece, por exemplo, quando penetramos numa catedral, numa escultura de Richard Serra ou numa instalação, pois, ao passar por elas, outros sentidos e o próprio corpo são mobilizados a fim de despertar a experiência do belo. Como se exerce essa relação do observador com o observado, que por sua vez depende de como o pintor viu esse algo? Se este vê a tela e algo mais, aquele quase sempre se coloca diante de uma superfície pintada tanto para vê-la como para olhar para aquilo que ela representa. Se o pintor, a tela e o modelo tramam uma relação entre três coisas e o observador, por sua vez, uma relação entre uma coisa e a imagem de uma coisa possível, ambos continuam, todavia, a explorar as ambiguidades que se anunciam na gramática do verbo "ver", o *ver algo* e o *ver como*. Atividades que, além disso, estão no mesmo mundo, sendo pois conveniente tratar de entender melhor certas peculiaridades do modo pelo qual todos nós nos colocamos neste mundo.

Quando crianças, não acontecia escrever nosso endereço mundanal? Agora estou escrevendo em minha casa, no bairro Jardim Morumbi, na cidade de São Paulo, no Brasil e assim por diante. Como as crianças de hoje são mais sabidas, podem continuar a série passando para outras regiões do universo. Mas, nessa experiência, note-se que localizar-se no espaço é passagem, fixar uma região remete igualmente a outra que a transcende. As partes do mundo se endereçam umas às outras, de modo que estar no mundo, mais do que nos situar numa totalidade fechada de fatos, sugere ultrapassagem, ir além de nós mesmos. É preciso, portanto, ter o cuidado de não enquadrar essa ultrapassagem na oposição *interior/exterior*, como se houvesse, em particular, uma esfera do real a que somente eu teria acesso imediato e exclusivo, minha consciência *interna* em oposição à esfera *exterior* a que chegaríamos intersubjetivamente. Pelo contrário, se estivesse totalmente imerso nessa interioridade, tudo aquilo que somente eu mesmo poderia apreender seria impassível de ser reconhecido por mim como algo, isto é, como caso de uma regra que só pode ser *efetivamente* seguida de modo coletivo. O grande desafio, como sabe todo estudante de Filosofia, não é explicar a determinação recíproca do mesmo e do outro? Ora, se há atividade de passar do mesmo para o outro é porque a identidade do percebido ou do conceito ou do próprio eu, assim como a do perceber, do conceber ou do se pôr a si mesmo, necessitam ser identificáveis por critérios, vale dizer, por regras. Ora, como sublinhou Wittgenstein, não se segue uma regra sozinho, de sorte que a questão do mesmo e do outro nos remete diretamente ao elemento da intersubjetividade e do mundo, bem como nos coloca diante do desafio de discernir as atividades responsáveis por seu entrelaçamento. Em resumo, se estar no mundo é ser passagem, isso não se explicita pela dualidade entre sujeito e objeto, dado que estes são levados por uma reflexão intersubjetiva que afeta suas próprias identidades. Daí a necessidade de estar sempre atento à forma de identidade a que estamos recorrendo quando falamos ou vemos, ao jogo pressuposto da identidade e da diferença, para que o *ver* e o *ver* algo *como* algo se identifiquem e se distingam.

O observador vê a imagem construída pelo pintor, mas vê igualmente outras coisas no mundo e nesse jogo treina sua capacidade de ver. O mesmo acontece com o pintor; mas, ao criar uma imagem para ser vista por outrem, tanto lhe apresenta uma figura como lhe ensina modos específicos de ver. Não há dúvida de que os dois lados dessa atividade são historicamente determinados; um observador do século XV não olharia estritamente da mesma maneira que aquele do século XVIII, seja porque, como lembra Walter Benjamin, a técnica conforma o *sensorium* humano, seja porque o próprio sujeito se individualiza historicamente. No entanto, a despeito das determinações históricas de ambos, o pintor sempre oferece uma imagem ao observador, o que o caracteriza primariamente como construtor de imagem, vale dizer, de algo que *afigura* algo mais. Sejam quais forem os contextos históricos em que essas relações se movimentam, não seria possível desenhar matrizes formais dessas relações postas a serviço do juízo do belo? É de esperar que não sejam precisas nem completas, mas basta explorar as obras de um autor ou de um período para que se perceba que alguma lógica elas devem seguir. E, como veremos, a noção de estilo não serve a meu propósito, pois há, por exemplo, obras barrocas feias e belas.

1.2

É possível estudar, como faz Jonathan Crary,[3] as diferentes formas pelas quais o observador se identifica e é identificado. Assim como Michel Foucault estuda, em *As palavras e as coisas*, as soluções de continuidade da história do pensamento moderno, clivada em *epistêmai*, Crary distingue duas formas de observar um quadro: a primeira, predominante a partir do século XV e modelada segundo o esquema da câmara escura, leva o observador a se isentar do que é visto; a segunda, emergindo na primeira metade do século XIX e influenciada pelas novas teorias sobre a luz e as novas técnicas de construção da imagem, demanda um observador participante, que, enxergando uma imagem cada vez mais desligada de seu referente externo, é obrigado a se entregar de corpo e alma ao processo do olhar. Mas não creio que essa historicidade da visão nos impeça, a despeito de estarmos mergulhados em nossa própria história, de separar os quadros belos dos feios, conforme critérios que passamos a construir ao longo da exploração dessas mesmas obras. Não é natural a tendência de ordená-las segundo critérios de beleza, situando-as numa escala que vai do mais feio ao mais belo? Os quadros expostos numa galeria ou no museu de belas-artes não estão lá por interesse histórico, mas sobretudo porque são tidos por belos, sendo que naturalmente alguns serão considerados mais belos que outros. No limite, a idéia de obra-prima não desapareceu, por mais que a produção artística se tenha distanciado dos rituais dos antigos ofícios. Como *hoje em dia* operam na pintura esses processos de avaliação? Tudo indica que essas obras de arte são marcadas por uma dialética entre a imagem e o imageado, de sorte que vale a pena tentar ver nelas uma gramática, isto é, uma normatividade ligada ao ver algo como algo, ainda que nesse ver desapareça a própria "algoidade" desses elementos.

3. Jonathan Crary, *L'Art de l'observateur* (Paris: Jacqueline Chambon, 1994).

Diz-se freqüentemente que a imagem se assemelha ao imageado. Mas, no caso da pintura, em que medida essa semelhança é imitação, mimese, como querem alguns filósofos? Já na natureza existem processos de duplicação das figuras: a imagem na superfície lisa do lago, as pegadas de animais na terra fofa, as sombras deixadas no meio do caminho e assim por diante; todas elas se reportam a uma matriz geradora muito diferente daquela a que está ligado o ciclo reprodutivo que, de tempos em tempos, cobre uma árvore de flores do mesmo tipo. A figura duplicada congela sob uma perspectiva única a coisa vista sob os mais variados aspectos. A árvore se projeta no lago segundo ângulos formados pelos raios de luz incidindo sobre ela, e assim se cria naturalmente um sistema projetivo entre a coisa presente e seu duplo. Mas, ao ser construído por nós, esse sistema se transforma em método de projeção que *varia* conforme captura maior ou menor quantidade de aspectos da coisa, sublinha alguns para deixar outros na sombra, substitui uma aresta por um traçado e assim por diante. É o que acontece, num plano muito elementar, quando dois pontos e um traço desenhados no interior de um círculo, nas proporções devidas, formam o rosto de um ser humano.

A própria coisa vista não está isenta dessa desconstrução construtiva que trabalha com seus vários aspectos. Nada me impede, por exemplo, de ver uma cruz numa janela, um busto num muro de pedra e assim por diante. No limite, a própria identidade da coisa se vê ameaçada pela variação de aspectos atribuídos a ela. Num momento vemos a árvore na montanha, logo depois ela se apresenta como pedaço de rocha. Essa variação tem vários usos, podendo até mesmo servir para Hamlet se fingir de louco e comprovar a subserviência de Polônio:

Ham. Mais longe você vê uma nuvem que tem quase a forma de um camelo?

Pol. Conforme a massa, de fato, parece um camelo.

Ham. Penso que parece um barco.

Pol. Por trás parece um barco.

Ham. Ou como uma baleia?

Pol. Muito semelhante a uma baleia.

No entanto, para que esse jogo de fingimento tenha sentido, Hamlet e Polônio precisam estar familiarizados com nuvens, camelos, barcos e baleias, de modo que um mundo vivido e dotado de certa organização é sempre pressuposto na feitura das imagens. Convém, contudo, notar que, ao exercer esse jogo de ver uma coisa e seus aspectos, o observador a retira do jogo prático da vida cotidiana. Quem vê uma cruz na janela não está ocupado em abri-la ou fechá-la, mas se coloca diante dela e se pergunta "O que vejo?". Não acontece o mesmo quando responde a um terceiro que lhe indaga o que está vendo? Desse modo, a identidade da coisa vista está ligada ao modo pelo qual usualmente se emprega o verbo "ver", na sua dualidade entre ver algo e ver algo como algo. Ao dizer que vê um objeto vermelho, o sujeito se reporta a uma amostra de cor conhecida da comunidade a que pertence; outros se reportaram a padrões de medida diferentes, inclusive àqueles que não estão subordinados ao conceito genérico de cor. Mas ao dizer "Vejo uma coisa vermelha", essa coisa na sua identidade passa a ser apenas referente possível, pois nem sempre se diz a verdade. Quando, todavia, alguém está diante de um círculo no qual se encontram dois pontos e um traço e diz "Vejo um rosto humano", não basta afirmar que vê algo *em* algo, pois, para que essa expressão tenha sentido, é preciso que tenha *aprendido* a ver, de um lado, um traçado, de outro, *esse* traçado *como* rosto. A visão da imagem pressupõe que se aprenda a distinguir o *ver* do *ver como*, e, por isso mesmo, saiba atribuir certa *necessidade* entre as partes da figura para que possam remeter a uma coisa possível. Não é porque um círculo contém dois pontos e um traço que vemos nele um rosto, mas porque cristalizam no desenho proporções valendo entre as partes das coisas. E, dados os meios, o desenho só pode ser assim e não de outro modo. Essa construção da *necessidade na imagem* é muito evidente nas figuras ambíguas, como no desenho do pato/lebre ou do degrau que se dá ora como côncavo ora como convexo. No primeiro caso, quando se vê na figura um pato, as antigas orelhas da lebre *necessariamente* guardam as proporções que fazem delas o desenho de um bico; no segundo caso, a secante — ligando os dois retângulos do degrau, o piso e o espelho — *necessariamente* passa ora sobre a quina ora sob ela. Do mesmo modo, quando dois falantes de línguas diferentes procuram se entender apontando para uma pedra, esta última, ao vir a ser a referência de seu mútuo entendimento, torna-se um fato-norma, amostra de outras coisas. Se ambos tentassem *construir* imagens que pudessem ser ditas belas e feias, em vez da normatividade do referido não passaria a importar a normatividade do referente? Mas qual é sua natureza?

Vale a pena nos determos na figura ambígua. Suponhamos que o degrau seja formado por um paralelogramo de madeira; o piso e o espelho configuram dois retângulos perfeitamente iguais e a secante que passa pelo centro do sólido obviamente passa sob a quina — aqui não há aquela ambigüidade possível que aparece na imagem do degrau em determinadas circunstâncias. Para que essa figura apresente a coisa em perspectiva, é necessário que deforme ao menos um dos perfis, convertendo o retângulo num poliedro cujos ângulos deixaram de ser retos. Estando parado e fechando um olho, vejo um pedaço de madeira igualmente parado, mas vejo o degrau presumindo outras faces ocultas. Se olhar, porém, a imagem do degrau, somente vejo a figura como côncava ou convexa, se uma face oculta, suponhamos a do lado esquerdo do degrau, não estiver sendo sugerida por dois segmentos pontuados.

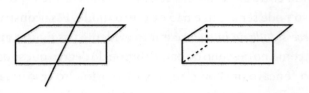

Seja como for, normalmente vejo as faces do degrau como iguais na medida em que esse ver incorpora a variação dos perfis; mas se me fixo num aspecto da coisa, interrompo a ronda possível. A construção da imagem está ligada a essa parada do olhar e se arma por meio de certas relações necessárias que não existem na coisa. Acresce ainda que para algo real ser *dito* "pato" é *preciso* que tenha a cabeça de certa forma, o bico diferente dos bicos das outras aves e assim por diante. A imagem reproduz essa necessidade do fato categorizado pela linguagem e pela vida prática à medida que se assemelha a ele, mas o faz de tal modo que as relações entre as partes da cabeça sejam apresentadas como relações entre traços de um desenho, volumes de uma pedra e assim por diante. A diversidade dos traços do material da imagem acolhe a diversidade dos traços distintivos do real, mas se, de um lado, a reduz às suas próprias capacidades de diferenciação, de outro, confere ao imageado propriedades da própria imagem. Um pato figurado numa gravura de Dürer mostra a penugem de suas penas com a consistência dos traços da ponta seca. Nada mais inadequado, creio eu, do que imaginar que a semelhança entre imagem e imageado se baseie na preservação em ambos os lados da mesma visibilidade, como se a imagem captasse apenas o que a coisa situada deixa ver na vida cotidiana.

É de notar que a presença da semelhança varia de acordo com seu uso. Quando a imagem serve de instrumento é possível comportar-se diante dela como diante da própria coisa. O dentista trabalha o dente por meio da imagem refletida no espelho, mas não apenas não a percebe como imagem como ainda abstrai as propriedades do espelho de diminuir ou aumentar o tamanho do objeto; age como se o instrumento nada mais fosse do que prolongamento de seu olhar. Para ele o espelho é objeto que se esconde, tanto mais bem fabricado quanto mais a imagem substitui a coisa. O espelho produzido se oculta como imagem produzida. Mas o desenho sobre uma folha de papel, que não é espelho, me mostra um aspecto *construído* de tal modo que a figura torna presente uma coisa ausente, como se fosse imagem mentada, trabalho da imaginação congelado no papel, de tal forma, porém, que traz a marca do ato projetivo de desenhar, exibe certas características desse papel e do material pelo qual o traço foi feito. Isso, porém, somente se torna possível se, ao invés de instrumento, a imagem for contemplada como tal. A figura no espelho se reporta à coisa segundo leis óticas, desconhecidas em geral por quem olha; um desenho, porém, é remetido à coisa porque um ato de *vontade* e *pensamento* criou uma proporção fixa entre suas partes, semelhante à proporção de um dos aspectos da própria coisa, a saber, segundo um *método de projeção* a ser aprendido no dia-a-dia. Convém notar a diferença: se o dentista e o pintor lidam com determinações tramadas pelo método de projeção, o primeiro vai da imagem para o objeto que é percebido estando ali, enquanto o segundo registra alguns aspectos dessa coisa numa figura prestes a mostrar peculiaridades dela mesma, consubstanciadas na coisa. Vejo a mão no contorno que minha mão deixou no papel, mas ambiguamente também vejo o contorno. É indiferente se a mão é considerada por seu dorso ou por sua palma, mas um traço no meio do desenho pode me levar a vê-la sob o aspecto da palma, já que aprendi a ler essa curva como a linha da vida. Desse modo, a imagem construída conserva peculiaridades do ato que a compôs, graças a um método de projeção e ao relevo de certas propriedades do suporte.

É nesse ponto que começa o trabalho do artista. Em primeiro lugar, trata de variar o método de projeção. Se adotar aquela perspectiva que localiza os objetos em relação a um único ponto de fuga, procura situar, no quadro, esse ponto no lugar que mais lhe convém para exprimir algo perseguido ao longo do próprio trabalho. Além disso, varia a seu arbítrio o tamanho, a composição da figura, a formatação de suas partes etc., a fim de realçar ou diminuir suas respectivas presenças. Em suma, ao aceitar certas regras, aplica-as somente se puder transformá-las nas proporções devidas. O mesmo vale para as regras das cores, das propriedades dos materiais e assim por diante. No entanto, é mister não esquecer que, se deforma, é para vir a ser o próprio árbitro dessas deformações.

Sempre se vê algo no contexto de se verem aspectos desse algo, instalando-se uma determinação recíproca entre um e outro que reside na forma pela qual se distinguem os modos de dizer o ver, de um lado, e o de dizer o cheirar e assim por diante, de outro. Por exemplo, vejo o pato e sua cabeça, e nela a protuberância do bico, mas vejo a cabeça recoberta de uma penugem, ao passo que vejo o bico na sua matéria óssea. Não há por que dizer que percebo primeiramente a cabeça e o bico na sua forma visível para, em seguida, enxergá-los na diversidade de seus materiais. Por sua vez, a imagem do pato inaugura uma relação entre suas partes similar às partes do próprio pato, umas vezes fixando um aspecto, outras juntando aspectos que nunca pode-

32

riam ser vistos juntos. Os cubistas pintam figuras ao mesmo tempo de frente e de perfil, de certa forma levando ao limite o modo dos antigos egípcios de pintar o rosto de perfil com os olhos vistos de frente. Nas artes africanas, as figuras são formadas por partes do rosto natural sem que elas guardem entre si as proporções reais da face vista e assim por diante. Um espelho malfeito deforma o visível segundo um único procedimento, uma cabeça nigeriana varia os processos de distorção na medida em que a *constrói*; se mantém com o rosto uma relação de semelhança, junta olhos, bocas, orelhas etc. que nunca poderiam conviver nas dimensões e nas formas naturais. Seria preciso dar outros exemplos?

Esse trabalho do espírito, que desde a Antigüidade se atribui à imaginação, também depende da materialidade do meio empregado. Se a coisa vista existe e a imagem construída representa uma coisa possível, não é por isso que entre ambas se translada, se rebate um mesmo esquema de visibilidade, indo da imagem natural para a imagem construída, pois a primeira depende da luz sobre a árvore ou do peso do pé sobre a areia e assim por diante, enquanto a segunda depende da *vontade* de variar métodos de projeção e criar outros tantos. E o que depende da vontade pode ter esta ou aquela outra necessidade. Cabe ter o cuidado, ao tratar da questão da imagem, de não cair na tentação de postular formas larvares de platonismo, como se a essência da coisa se resumisse na sua visibilidade. Em poucas palavras, não existe uma lógica do visível oposta a uma lógica do dizer e do pensar, mas lógicas diversas tomando emprestados elementos e relações uma das outras, relações estruturais entre coisas e imagens conforme certas convenções, dentro, porém, das possibilidades abertas pelos constrangimentos de seus meios de apresentação; a imagem do pato feita a lápis e aquela outra pintada a nanquim remetem ao mesmo pato, mas exploram a forma visível dele segundo a materialidade do grafite ou da tinta, emprestando-lhe diferentes nuanças de presença.

Esse ponto é de suma importância para quem busca uma lógica das artes plásticas e não se contenta, por exemplo, com o jogo de figura e fundo no qual a *Gestaltheorie* tanto insistiu: a figura, além de se apresentar como forma diante de um fundo, harmonização das partes, resulta de uma *vontade* construtora de relações necessárias para que se veja o mesmo desenho ora como algo ora representando algo. Não possuo essa liberdade ao dizer que vejo algo, pois não posso passar a ver azul quando vejo o vermelho embora diga que vejo o azul. Nem sempre, ademais, vejo o que faço, e, muitas vezes, para vê-lo, necessito alterar minha relação com o mundo, como se a ação em exercício fosse suspensa a fim de revelar outros aspectos importantes para se tornar visível. Vejo a coisa segundo seus perfis, mas faço que isso seja visto fazendo e, ao mesmo tempo, me duplicando como fazedor e observador. Quem observa se coloca no plano daquele que diz, ainda que o faça para si mesmo, por conseguinte seguindo regras de uma linguagem. Esta não precisa ser verbal, pois nada me impede de observar minha caminhada fazendo dela seu croqui, um jogo de linguagem formado por flechas que indicam tanto o caminho tomado como sua repetição possível, subordinando, pois, minha ação ao princípio bivalente do correto ou incorreto. Desenho uma flecha para cima e outra para a direita conforme tenha andado para o norte e depois para o oeste. Dadas as convenções preexistentes, criei uma figura que pode ser usada como *critério* do andar correto ou incorreto. Tudo depende do *uso* da figura que antes era imagem do fato, para vir a ser agora imagem de fatos possíveis. Conforme seu emprego, a imagem pode ser, pois, um dado ou um critério do possível. No Renascimento, por exemplo, a pintura passa a seguir a regra, critério de seu vir a ser, de pintar cenas no interior do cubo perspectivo, mas o artista egípcio haveria de pintar a mesma cena numa seqüência de figuras frontais com rostos de perfil.

Tão logo se perceba como a imagem pictórica é construí- 1.3 da por jogos de linguagem não-verbais, desaparece aquela separação radical entre o fazer ver e o dizer, como querem, por exemplo, Michel Foucault e outros filósofos franceses atuais: "Dois princípios reinaram na pintura ocidental do século XV ao século XX. O primeiro afirma a separação entre representação plástica (que implica a semelhança) e referência lingüística (que a exclui). Faz-se ver pela semelhança, fala-se através da diferença. De modo que os dois sistemas não podem se cruzar ou se fundir".[4] O segundo princípio coloca a equivalência entre o fato da semelhança e a afirmação de um laço representativo. Fixemonos no primeiro, já que sua análise termina por questionar a exatidão do segundo.

Não me parece que se fala tão-só pela diferença, como acreditam os estruturalistas franceses. A linguagem não se processa no jogo da identidade e da diferença? De um lado, porque o próprio dizer mobiliza a identidade e a semelhança. Se disser "rosto" por certo esse significante se articula se diferenciando de "gosto" e assim por diante. Mas o rosto referido pela palavra portuguesa é basicamente o *mesmo* indicado pela palavra francesa "*visage*", embora esta se diferencie foneticamente se opondo a "*lisage*", "*virage*" etc., o que não acontece com a palavra "rosto". A despeito da diversidade das línguas e das gramáticas, "rosto" e "*visage*" se reportam a um mesmo tal como aparece em

4. Michel Foucault, "*Ceci n'est pas une pipe*", in *Dits et écrits* (Paris: Gallimard, 1994), vol. II, pp. 39-40.

nossas práticas cotidianas. E não me consta que falamos naturalmente sem essa referência pragmática. Além do mais, se muitos de nós construímos imagens muito semelhantes de um rosto, é porque tanto o rosto é parte natural do corpo como suas imagens repetidas *de uma determinada forma* seguem regras de construção que fazem delas exemplos de um jogo de linguagem não-verbal.

Provocado pela leitura de *As palavras e as coisas,* René Magritte escreveu a Foucault questionando sua proposta de distinguir similitude e semelhança. Os pormenores do diálogo não nos interessam aqui, cabendo apenas examinar brevemente o conceito de imagem que Foucault desenvolve a partir dele e da interpretação dos trabalhos de Magritte. Esse conceito, aliás, é de particular interesse quando se pretende mostrar os limites de uma abordagem estruturalista e fenomenológica. É notável que Foucault se veja obrigado a explicar o quadro *Isto não é um cachimbo* recorrendo a um parâmetro verbal, a um caligrama que teria subsidiado a montagem da imagem e depois desaparecido.

Magritte pinta a imagem de um cavalete sustentando uma tela onde aparecem um cachimbo e o título escrito com letras bem redondas; boiando no ar paira a figura de um cachimbo. A interpretação dada explora uma sucessão de incertezas. Há dois cachimbos ou dois desenhos de um mesmo cachimbo? Ou ainda um cachimbo e seu desenho? Tudo isso encaminha esta primeira pergunta: a que se refere a frase escrita no quadro, ao cachimbo no ar ou ao desenho do cachimbo na tela? Depois de uma série de associações, depois de tentar mostrar que a estranheza da imagem não advém da "contradição" entre a imagem e o texto, Foucault propõe que o embaraço explicitado pelas imagens e pela escrita derivaria de um caligrama, isto é, da reunião dos dois lados do quadro, o imagético e o lingüístico, numa mesma figura, secretamente constituída por Magritte para ser em seguida desfeita com cuidado. Tudo se passaria como se, primeiramente, houvesse uma figura de cachimbo criada pelo bom ordenamento da palavra "cachimbo"; o paradigma verbal, o único lógico segundo Foucault, teria sido posto, entretanto, para ser depois desconstruído. De certo modo prenuncia que o próprio quadro possui uma dimensão simbólica, narrativa, mas que precisa ser destruída para que o valor plástico da obra possa transparecer. A explicação do próprio Magritte caminha noutra direção — a meu ver, muito mais frutífera. Ele distingue, de um lado, a similitude, relação entre duas coisas, por exemplo, aquela que ocorre entre duas gotas de água; de outro, a semelhança, que consiste num "ato" do espírito em busca de uma comparação das coisas posta a serviço do conhecimento. Ficamos sabendo, graças a um ensaio de Dominique Chateau,[5] que essa posição de Magritte se aproxima daquela defendida por Quatremère de Quincy, autor do início do século XIX recém-desencavado, que também faz da semelhança ato de pensamento, mas vindo a ser conhecimento imediato: a arte da pintura, arte da semelhança, permitiria, então, descrever um pensamento suscetível de se tornar visível, algo que se colocaria, então, no mesmo plano do mundo, não para reproduzi-lo, mas para produzir coisas que viessem a ser visíveis-possíveis, no caso, o cachimbo e a inscrição *"Isto não é um cachimbo".*[6]

Obviamente essa solução esbarra na dificuldade de explicar o que venha a ser esse pensamento fora do âmbito de uma filosofia da representação, mas que há de desaparecer quando se toma o quadro como pensamento baseado na articulação das imagens na qualidade de visíveis-possíveis, diríamos nós: jogo

---

5. "De la ressemblance: un dialogue Foucault-Magritte", in *Image: Deleuze, Foucault, Lyotard* (Paris: Vrin, 1997)

6. Foucault, art. cit., pp. 101-2.

de linguagem não-verbal. Não é o que se percebe ao se considerar o quadro como jogo que explora a ambigüidade da imagem, onde se vê tanto um cachimbo como o desenho de um cachimbo, que por isso mesmo não é um cachimbo, mas uma figura *construída*? Magritte não enuncia, no título do quadro inscrito na própria tela pintada, aquela ambigüidade, diante de um cachimbo desenhado, de poder dizer que se vê um cachimbo embora se veja propriamente o seu desenho? Esse jogo entre o ver e o ver como, inscrito na gramática do verbo "ver", não fica explícito nesse trabalho do pintor? Desse modo, a explicação passa a se mover no nível do pensamento que se processa além de um discurso verbal, mas transformando cada figura de cachimbo num elemento conformado por seus vínculos possível na imagem, na imagem da imagem e no mundo. Essa explicação fenomenológica, descartando a possibilidade de um pensamento não-verbal, ao se confrontar com um jogo simbólico, imagina por trás dele uma *palavra* desenhada, um caligrama, que se desfaria para dar margem às ambigüidades do ver. Mas desse ponto de vista, qualquer logos a ser capturado no quadro haveria de se reportar ao ser, tese aliás já defendida por Merleau-Ponty. Mas todo *logos* há de ser apofântico?

I.4   O dado sensível subjetivo, ao se cruzar com seu critério intersubjetivo de identificação, cria uma assimetria entre o que eu digo e o que o outro diz. Se Pedro diz "Vejo o vermelho" posso imaginar que fala como papagaio, articulando sons sem entender as palavras aplicadas, isto é, desconhecendo o modo de aplicar os critérios responsáveis pela identificação e diferenciação das cores. Mas para que isso não aconteça, preciso descobrir e ele *mostrar* que de fato estamos nos entendendo e mobilizando as mesmas significações. Ao utilizar regras comuns para discernir e comunicar ao outro o que vejo, fica pressuposto que existe entre nós tanto algo em comum como uma diferença abrindo espaço para a dissimulação. Esta somente é descoberta mediante o *modo* pelo qual *ele* diz, isto é, pelas expressões que acompanham seu enunciado. Suponhamos que, ao ver uma coisa azul, Pedro diga "Eu a vejo vermelha" e tudo faça para me convencer de que está percebendo a cor enunciada. Por isso, para que eu acredite no que diz, preciso confirmar o enunciado por outros sinais evidenciando que de fato vê o que diz. O sentido intersubjetivo de ver o vermelho — e só pode haver sentido nesse plano — requer, como sua condição de possibilidade intersubjetiva, que se *mostre* o que se vê. Isto é, a gramática do verbo "*ver*" está ligada ao funcionamento do verbo "*exprimir*".

"No jogo de linguagem praticado com essas palavras", escreve Wittgenstein, "é essencial tanto que as pessoas se comportem da maneira particular que chamamos de exprimir (dizer, mostrar) o que vêem, como que às vezes dissimulem de forma mais ou menos integral o que elas vêem".[7]

Nem sempre o outro mostra ver o que realmente vê. Pedro e eu podemos *dizer* estarmos vendo o vermelho sem vê-lo, mas enquanto sei que estou mentindo, não posso nunca me assegurar da mentira do outro, de sorte que, na dúvida possível, procuro detectar a verdade nas marcas expressivas de sua conduta. Se, ao conduzir meu carro, digo que vejo o sinal vermelho, mas atravesso a rua com esse sinal aceso, estou mentindo ou desrespeitando conscientemente as leis de trânsito. Talvez não tenha aprendido a distinguir o vermelho do verde, seja por deficiência física, seja porque, vindo, suponhamos, de uma tribo africana, fui iniciado a outra linguagem das cores. Há casos em que esta até mesmo não possui o termo equivalente a "cor", de sorte

---

7. *Notes sur l'expérience privée et les sense-data* (Paris: T.E.R., 1982), p. 28.

que não há para ela um gênero que abrace todas as cores especificadas. Mas se *vejo* o verde, embora faça *como se* estivesse vendo vermelho, se digo "O sinal fechou", indicando que vi o vermelho, mas ajo como se estivesse vendo a cor dita, *disfarço* meu engano para lhe dar ares de verdade. Não vejo, mas digo estar vendo e ainda faço tudo como se estivesse vendo. No plano da percepção *enunciada*, dissimular consiste em exprimir voluntariamente um não-visto como se este estivesse sendo visto.

Tomo um cachimbo e dele faço um desenho de tal modo que venha a ser visto por qualquer pessoa. Mas, ao escolher o papel, a tinta do traçado etc., passo a apresentar o cachimbo por esses meios que *mostram, revelam* o objeto como se ele estivesse revestido pelas propriedades dos materiais empregados; revestimento, aliás, *expressivo* de modalidades de ver, sendo ou não perceptíveis por outrem. Ao trazer o raio de visão para o papel e para o traço crio modos de expressão que, ao serem repetidos, podem ser tomados como padrões expressivos. Esses meios de apresentação da imagem necessitam, pois, estar dispostos de tal modo que, mesmo quando evocam a coisa do ângulo do olhar, como acontece com o uso da câmara escura, estão conferindo ao material empregado dimensões expressivas no limite de cada material. O óleo não possui a mesma capacidade de expressão que a têmpera. Por isso a figura construída cria necessidades e ambigüidades específicas, muito diferentes das imagens simplesmente percebidas. Um dos enganos da estética fenomenológica não reside nessa indiferença aos aspectos criados por essa construção da imagem?

1.5   Sendo construída pela vontade, a imagem representa, exprime, assim como dá lugar para o disfarce. Se traçar o mapa de um tesouro e entregá-lo a um ladrão, posso, de propósito, acrescentar detalhes irrelevantes ou imaginários com o intuito de despistá-lo. O ladrão experiente, por certo, sempre haverá de desconfiar das informações prestadas, mas diante do emaranhado dos caminhos, se não houver exagero de minha parte, nunca saberá se me enganei ou se dissimulei. Sendo o sentido da imagem vinculado a seu uso, nada impede que a empregue, sobretudo, para exprimir-me, o que pode ser feito no nível mais elementar, por exemplo, quando, ao construir aquele círculo esquematizando um rosto, simplesmente curvo o traço da boca para cima ou para baixo a fim de que apareça alegre ou triste. Note-se que a diferença de curvatura passou a ser distintiva e serve para informar tristeza possível nem sempre presente na pessoa retratada. A imagem daquilo que não vejo ou nunca poderei ver pode, assim, exprimir atitudes com as quais convivo no cotidiano. Ao examinar o retrato da condessa de Carpio, marquesa de la Solana, pintado por Francisco Goya e atualmente exposto no Louvre, sabendo como funcionava a corte espanhola na época, aprendo, por exemplo, como se vestia uma aristocrata, mas, embora ignore que escreveu peças de teatro, sou logo apresentado a uma fidalga no prumo de sua altivez. Mas isso se mostra fazendo ver como uma figura cai a prumo num solo inclinado, cuja linha de fundo, descendo para a esquerda, é contrabalançada pela mancha da parede equilibrada numa horizontal. O vestido preto com tons avermelhados desce sobre uma barra rendada que valoriza os sapatos bordados com rosas brancas e cruzados na vertical e no plano inclinado. O busto e a cabeça estão cobertos por um véu de tons rosa que progressivamente se concentram no rosto e no laço de fita, criando uma conivência entre a matéria da face e seu entorno de gaze. Essa pintura, ritmada por tons coloridos, desenha uma senhora esgazeada no seu orgulho, mas tocada pela tristeza e pela indiferença. Essa de fato era a condessa real, ou serviu para Goya exprimir sua visão do ser de uma fidalga? Seja como for, é nesse balanço entre informações e expressões que uma obra de arte se instala, sendo sintomático que certas formas de arte tentaram explorar ao máximo o pólo expressivo a ponto de se identificarem como expressionistas. Em contrapartida, um trabalho *kitsch*, uma colagem de penas sobre um fundo vermelho representando um pássaro, não *dissimula* as possibilidades expressivas das penas, do vermelho e assim por diante na medida em que não consegue harmonizá-las, ou melhor, criar relações estáveis entre elas?

Se uma coisa é semelhante a outra porque ambas apresentam traços comuns, cabe distinguir a semelhança, por assim dizer, informativa daquela expressiva. No primeiro caso, a semelhança opera entre coisas ou entre a imagem e o imageado, como a pegada é a imagem do pé. Há situações, porém, em que se torna impossível discriminar o mesmo e único traço comum a todas as coisas semelhantes, o primeiro sendo semelhante ao segundo, mas não ao terceiro e assim por diante. Formam, por assim dizer, semelhanças de família, cujos elementos variam dentro de um intervalo impreciso. Bom exemplo desse tipo de similitude é dado pelas *técnicas de corpo* de indivíduos de mesma cultura. Como se sabe, foi Marcel Mauss quem introduziu esse importante conceito na Antropologia, ao notar como os japoneses, por exemplo, andam, sorriem, comem, em suma, usam o corpo de uma forma expressiva determinada, sem que tais expressões, embora sendo fonte de informação, estejam postas a serviço desta. Não há nada de mágico nem de divino nesse tipo de semelhança, como pode parecer aos teólogos. Não é porque os japoneses usam seu corpo de maneira parecida que são filhos do Sol nascente ou se convertem em guardiões da mesma "japonidade", embora isso possa ser invocado para fins ideológicos. Do mesmo modo, se os homens foram criados à imagem e à semelhança dos deuses, ou vice-versa, esse pensamento só se torna possível porque uma semelhança de família operaria entre eles, pois só ela vem a ser capaz de ligar o finito e o infinito. Consistem simplesmente em formas expressivas desligadas de um dizer distinto, mas que terminam dizendo mais do que pretendem informar e exprimir. Em que medida a pintura explora essa distância entre o dizer (o informar) e o exprimir? Não constrói imagens que venham a ser mais do que a presença do imageado, mais do que a similitude entre as coisas retratadas, na medida em que criam semelhanças de família entre seus meios de apresentação?

Voltemos aos nossos exemplos. Se disser "Vejo uma casa", essa frase pode ser verdadeira ou falsa. Se não me encontro diante dessa coisa, a sentença é falsa, mas, tendo em vista que o outro, para quem a casa está fora de seu raio de visão, só pode saber se de fato estou vendo o enunciado levando em conta minhas expressões presentes e passadas, nada me impede de afirmar ver a casa, mas de tal maneira que ele não tenha critérios para saber se estou falando verdadeira ou falsamente. Mas ao subtrair ao outro os critérios para que este venha a saber se está falando verdadeira ou falsamente, o artista não está por isso dissimulando. Não há dúvida de que geralmente ama o disfarce — lembremos como Picasso adorava se fantasiar —, mas seu trabalho resulta na construção de uma imagem, figurativa ou não, que pretende, podemos assim dizer, exprimir e representar algo sem pretender estar enunciando o real tal como é, seja do ponto de vista do cotidiano, seja do ponto de vista científico. Aristóteles já notara a peculiaridade das obras de arte, muito evidente na tragédia, na comédia e na poesia, de suspender a asserção, visto que a narrativa no palco coloca entre parênteses a existência da coisa narrada, suspende os critérios para que se possa decidir se o que está sendo dito é verdadeiro ou falso, coloca entre parênteses a bivalência da proposição para revelar nesse dizer o que o discurso declarativo não saberia exprimir. Quando no palco o ator diz "Vejo uma casa", ninguém acredita que a esteja vendo, mas não é por isso que a proposição perdeu seu significado de ver a casa. Seu uso deixa de ser diretamente denotativo, mas continua referindo-se a uma situação do mundo suspendendo o postulado de sua existência. Ao se referir a uma situação reconhecida por todos como podendo não estar presente, ele emprega modos de expressão tão convincentes que tudo se passa como se estivesse vendo realmente. Graças a essa suspensão da existência operada por qualquer juízo estético, o artista plástico pode dar a impressão de fingir que vê, mas na verdade esse fingimento somente teria algum sentido artístico se fosse expressivo, apresentasse aspectos insuspeitados da coisa vista ao trabalhar aspectos de sua apresentação. Por isso Fernando Pessoa, na sua "Autopsicografia", pode dizer:

> *O poeta é um fingidor.*
> *Finge tão completamente*
> *Que chega a fingir que é dor*
> *A dor que deveras sente.*

No teatro o ator dissimula sua dor de maneira tão perfeitamente expressiva que o espectador passa a acreditar, não que o ator sinta essa dor, mas na veracidade de sua expressão no que respeita ao personagem encenado. Nesse caso, a expressão denota algo virtual, assim como torna evidente e valoriza o ato afigurante: o enunciado "Sinto dor" vale pelo modo expressivo de ser dito e, em vez de transmitir a informação de que alguém está de fato sentindo dor, também informa algo a respeito de um personagem que se constrói e se exprime no curso de um enredo imaginado. Sua *performance*, desligada da dor efetiva, embora se apresentando com todos os sinais requeridos para sua individuação, apresenta uma espécie de singularidade universalizável, exemplar, pois apresenta a dor na sua dolorosidade, confirmando a expressão sem a denotar, *exprimindo* o sentimento com tal técnica de convicção, com tal coerência dos detalhes, que o simulacro vale como expressão da dor particular, que, nessas condições, não precisa ser esta ou aquela, mas o doloroso específico dessa dor sentida por um tipo de personagem. E assim a expressão se *apronta* para se converter no conceito de dor sentida por um tipo de gente. Esse movimento culmina na poesia lírica, quando a subjetividade do poeta está presente desde o início; este exprime a dor que não sente como poeta, mas graças a uma dissimulação tão perfeita, termina criando critérios para poder exprimir, discriminar, a dor que realmente sente, isto é, sua própria dor na sua singularidade. Por isso a linguagem no seu uso estético só invoca situações virtuais para tingi-las com dimensões expressivas. Em contrapartida, o mau poeta não consegue conferir a seu personagem qualquer identidade, nem mesmo aquela de que os surrealistas lançavam mão para exprimir o desencontro das palavras. Incapaz de construir uma relação expressiva da imagem com o ideado, ele foge da linguagem cotidiana para mergulhar num frasear carente de sentido.

A situação do bom pintor aprofunda o primeiro lado. Se criar imagens afigurando algo fixado em alguns de seus aspectos, desde logo construirá uma relação entre a imagem e o imageado que *ostenta* sua peculiaridade na imagem. Em vez de conferir expressões a um dizer sem referência, apresenta uma referência que vale por seus aspectos expressivos gravados no quadro e pelos aspectos sugestivos da própria gravação. Sem dúvida, ao admirar um retrato do duque de Olivares, pintado por Velázquez, torna-se mais fácil apreciá-lo se conhecemos pormenores da vida desse condestável e as maneiras pelas quais os fidalgos da época costumavam ser retratados. Mas essas informações históricas ou iconográficas não explicam o salto que nos leva a julgar a obra de um ponto de vista propriamente estético. Não é porque o quadro traz informações históricas importantes e inéditas sobre o que já existiu que merece ser dito belo.

1.6   Não há como descrever uma obra de arte sem torcer a linguagem, principalmente quando se pretende descrever imagens indo além delas mesmas. Onde encontrar conceitos adequados a essa tarefa? O discurso não será frio e puro como aquele das ciências, armado precisamente para abstrair os traços mais visíveis das coisas, cruciais, todavia, para o trabalho do artista. Em vez dos conceitos se articularem em sistemas em que cada elemento se define pelo cruzamento de relações particulares, é preciso acompanhar o mergulho do observador e do artista nas presenças singulares. Em vez de partir de um sistema teórico e deduzir que isto é belo, cabe tomar o caminho inverso e examinar a formação de regras apenas sugeridas no pulsar das obras presentes em suas respectivas singularidades. Não é por isso, contudo, que se deve pressupor, como ponto de partida, os suportes e as coisas afiguradas na qualidade de indivíduos em seus respectivos isolamentos, nem configurando uma totalidade passível de ser conhecida. Uns e outros não são momentos isolados de uma facticidade bruta, mas estão no mundo como momentos de gerar o mundo deste ou daquele artista, todos nós, artistas e espectadores, habitando um mundo vivido e desenhando as veredas do mundo do espírito. Convém ter o cuidado de não retirar do primeiro mundo suas regulações específicas, como se, de um lado, lá ele estivesse, e de outro os sistemas que falam dele. Habitamos o mundo da vida cruzando intenções e obstáculos, abrindo e fechando fissuras indefinidas, movimentos de criar e de apegar-se ao próprio visgo, movimentos que, a despeito de se distinguirem dos sistemas discursivos como as ciências, nem por isso deixam de estar concertados. Por sua vez os artistas, os pensadores e os cientistas, sob ângulos diferentes, criam formas de exprimir e de pensar que, circulando entre seres humanos, situam-nos num universo que se faz um, embora diferente.

Em que medida a arte captura essas sintonias das situações vividas, criando ela mesma meios próprios de fomentar vínculos e elementos capazes de responder a elas? Não seria melhor perguntar como as trata com seus próprios recursos? Mas para responder a essas indagações convém lembrar primeiramente que, se emprego uma linguagem imprecisa, explorando matizes de seu uso cotidiano, é com o intuito de mostrar certos modos de regulação de elementos inscritos na própria obra, não para reproduzir mas para repercutir tais modos pelas modulações de meu próprio discurso. Ao mostrar que *entendi* o sentido da obra, mostro igualmente que capturei o jogo das semelhanças e das identidades visíveis no suporte, *vejo* o que se me apresenta como o caminho, a sinfonia de aspectos, e assim somos levados a dizer que essa obra é bela. Isso não me obriga, entretanto, nem a tentar mostrar como ela é regra de casos, nem que estes estão indicando as regras pelas quais eles vêm a ser representados de modo expressivo. Insisto em que, em vez lidar com peripécias da representação, lido sobretudo com vicissitudes de sua apresentação, com o modo de ser desses caminhos marcados no suporte, com o fato de testemunharem atos de construção e de vontade, em resumo, com essa espécie de trabalho morto depositado na coisa pelo artista, mas que somente perdura enquanto formos capazes de despertar seu lado vivo.

Voltemos à fraca articulação das coisas com as quais convivemos. A porta nos transpõe para outro espaço ou nos encerra num lugar protegido, a rua nos leva ou nos traz e assim por diante. Desse ponto de vista, certos fatos podem ser tratados como contendo uma normatividade intrínseca, guias de conduta trazendo consigo o trabalho que os transformou. Não é o que se percebe claramente quando, no curso de uma ação, a coisa preparada para acolhê-la, em vez de conduzi-la, ergue-lhe um obstáculo? Do mesmo modo, a imagem artística não se resolve na imitação do ser bruto, mas capta a seu modo a coisa no cruzamento de sua legalidade tácita. Mas ao congelar alguns dos aspectos do real, coloca desde logo o problema de como exprime esse congelamento, de sorte que a normatividade tácita da ação e a normatividade tácita da imagem não precisam se fundir. O que seria de uma pintura meramente positiva?

Convém ainda explicitar que, no mundo vivido, esses objetos indutores padronizam atos, conferindo-lhes a determinação de correto ou incorreto, em vista de intenções determinadas, de sorte que dificilmente estas podem ser ditas artísticas. Esta porta se abre para a sala, mas se quero ir à cozinha não posso me servir dela. Esta rua me faz sair do bairro, mas não me leva ao mercado. Retomando uma distinção clássica de *Ser e tempo,* as coisas-à-mão, isto é, a serviço de nossas ações, são mais do que meras coisas-aí, a rua não é objeto percebido da mesma forma que um pedregulho, é obstáculo, caminho e passagem; conserva as marcas dos passos trilhados e indica passos futuros. Ao descrever nosso acesso ao mundo é preciso, pois, ter todo o cuidado de não considerar a percepção como se fosse antes de tudo construída por elementos disponibilizados pelo funcionamento das faculdades de sentir e entender. Consiste em atos de captar coisas já referidas entre si, demarcadas pelo sentido de nossas ações. Quando primordialmente se lhe confere o estatuto de coisa-aí, privilegia-se uma forma de visão, precisamente aquela que nos desengaja do mundo. No entanto, observar uma paisagem a fim de pintá-la não é desobrigar-se de agir segundo os caminhos que ela indica para a ação? Mas a serviço de quê? Quando se sublinha como as coisas-à-mão se combinam e se processam para cumprir intenções, como desenham espaços de comportamentos adequados ou não à realização de expectativas, convém atentar para o modo pelo qual se colocam como regulação da vida. No entanto, mesmo que o mundo em que vivemos se pusesse antes dos enunciados *verbais* que dele fazemos, isso não implica que essa anterioridade requeira desvelamento do ser prévio a jogos de linguagem *não-verbais*. A teoria que faz do mundo da vida presença ante-predicativa só se sustenta se a linguagem, morada do ser, mantivesse a predicação em suas bases, pois somente assim o ente deveria se apresentar antes de vir a ser sujeito da proposição. Hoje em dia, porém, sabe-se que os discursos são formalizados de várias maneiras, nem todas elas ancoradas na relação de sujeito e predicado. Mas se, além do mais, as coisas do mundo da vida estão ligadas entre si pelos caminhos abertos e nelas depositados pelos trabalhos humanos, então elas já se apresentam preparadas e articuladas para cumprir ou não expectativas que nelas residem, vale dizer, ligadas por uma lógica não-verbal. Numa forma artificial de dizer, estão articuladas por um *logos* prático. Não se conclua daí, entretanto, que a arte tenha por função exprimir esse *logos*, embora seja difícil acreditar que a experiência estética não se misture com ele, ainda que fosse para revelar seus pontos de erupção criativa.

Depois de observar que um bom pintor também faz com freqüência bom desenho e boa escultura, Merleau-Ponty nos adverte: "Não sendo comparáveis os meios de expressão nem os gestos, eis a prova de que há um sistema de equivalências, um logos das linhas, das luzes, das cores, dos relevos, das massas, uma apresentação sem conceito do Ser universal".[8] Se não posso deixar de perceber as mesmas equivalências, um palpitar de lógicas, disso não me parece resultar, contudo, a necessidade de pressupor que sirvam para apresentar sem conceito o Ser universal, ainda que Merleau-Ponty insista na deiscência desse Ser. Imagina que nessa animação interna, diante da qual a obra de arte nos coloca, o pintor procura uma irradiação do visível sob os nomes de profundidade, de espaço, de cor. No fundo, porém, continua a pressupor que a apresentação, de um modo ou de outro, está sempre se afunilando na procura de um referencial. De minha parte, creio precisamente no contrário e tratarei de mostrar, nas páginas que se seguem, que a pintura consiste numa recusa progressiva dessa função referencial, em suma, do *logos* da referência, a fim de explorar como nessa recusa afloram certas formas fracas de necessidade, ligando meios de apresentação a representações travestidas de suas funções usuais. Se, nesse processo, a imagem cerca um referido, como acontece com toda pintura figurativa, não é por isso que o jogo do belo e do feio passa a depender de sua progressiva acuidade nesse determinar algo. Um método de projeção que caminhasse do real para a imagem não dependeria do que acontece no suporte? Não é por isso mesmo que configura passagens para além do mundo constituído, tentativas permanentes de ampliar suas fronteiras vistas e expressivas?

I.7   Desde que se reconheça que o mundo da vida também se articula em lógicas não-verbais, cabe elucidar, ao menos em grandes traços, como todos nós experimentamos nosso estar

8. *L'Oeil et l'esprit* (Paris: Gallimard, 1967), p. 7.

no mundo contemporâneo. Não é dessa experiência que parte o juízo do espectador? Não há dúvida de que ainda hoje o pintor trabalha artesanalmente, a despeito de conviver com objetos criados por tecnologia altamente sofisticada, ou até mesmo importá-los para suas obras. No entanto, seja como for, entre um quadro e um painel eletrônico existe uma tensão que faz parte de nossa vida.

É sabido que a busca sem freios pela inovação tecnológica, da qual depende a sobrevivência do sistema capitalista de produção, tem resultado numa fantástica transformação do panorama cotidiano. Basta comparar a fotografia de uma paisagem urbana com outra antiga do mesmo lugar para verificar como este se modificou, como se povoou de objetos técnicos os mais variados e surpreendentes, por conseguinte impondo comportamentos, alterando a visão, enfim, conformando novas experiências. Um pequeno objeto como o telefone celular não muda nossa postura, não tende a trazer a público a intimidade das pessoas, levando-as a falar e a gesticular como se fossem autômatos discursivos? E, o que nos importa sobremaneira, não carrega em seu interior uma multiplicidade de imagens das mais variadas? Daí a necessidade de se perguntar como essa multiplicação das imagens e a diversificação de seus usos alteram nossa relação com elas. Não é de se esperar, ademais, que essa revolução prática e visual tenha conseqüências relevantes para a pintura contemporânea, por conseguinte, para nosso juízo sobre as obras do passado?

Convém não se apressar e partir de questões elementares. A experiência cotidiana está cada vez mais está entranhada de objetos técnicos. Qual é o modo de existência de tais objetos?[9] É

---

9. Georges Simondon, *Du Mode d'existence des objets techniques* (Paris: Aubier, 1989); Jean-Pierre Séris, *La Technique* (Paris: PUF, 1994)

comum mostrar que se movem em três dimensões: integram-se num sistema e possuem seja uma normatividade peculiar, seja uma história. Aparelhos de televisão, por exemplo, permanecem inertes se forem desligados da rede responsável por sua produção, do sistema de gerar e distribuir energia, do modo de formatar notícias e assim por diante. Em contraparte, inseridos nesses múltiplos contextos, somente podem funcionar adequadamente se forem correspondidos por condutas adequadas, as quais muitas vezes já trazem em si mesmas condições de seu refinamento. Objetos e condutas fazem parte de fluxos de inovação tecnológica e comportamental, premiando os vencedores, penalizando os atrasados, no final das contas, tecendo histórias. Além do mais, na medida em que esses objetos resultam de técnicas crescentemente refinadas, cada vez mais suas partes passam a se conectar mediante elos inscritos em suas entranhas moleculares, em prejuízo dos tradicionais ajustamentos mecânicos. Os objetos técnicos de hoje congelam verdadeiros raciocínios práticos, como se eles mesmos aspirassem a novos arranjos e novos componentes, de sorte que se produzem como pontos luminosos onde se cruzam conhecimentos científicos e tecnológicos. Nessas condições, não é de esperar que se altere o modo de ser das imagens e de seu funcionamento?

Desde logo se percebe que a relação tradicional da imagem com o imageado se subordina a novos registros. Em vez de ser menos do que o real, simulacro dele, converte-se num dos principais instrumentos pelo qual este apresenta sua densidade, seja para um sujeito, seja para outro sistema tecnológico posto em movimento pelo flagrar da imagem. De um lado, ela se dá como meio de conhecimento, grande parte dos dispositivos com os quais convivemos vindo a ser espelhos perscrutando mistérios do mundo; de outro, desperta outros mecanismos quando — lembrando um exemplo muito simples — a câmara dispara o alarme do prédio em virtude da presença de um estranho. A história dessa tecnologia que cola o real à imagem, salvo engano meu, está para ser feita, mas são patentes alguns de seus passos: a fotografia deixa de ser câmara escura, apreensão de um aspecto do real para vir a ser instrumento de identificação e investigação, visto que o aspecto se transforma em índice de futuras informações; o cinema dissolve a continuidade dos corpos em movimento e termina por resolver os próprios corpos em processos; por fim, o vídeo, a televisão, o ultra-som invadem as entranhas das coisas, as nervuras das situações, as veredas do organismo, as pulsações dos céus e de todo o universo, de tal modo que a matriz do ser, do que é, deixa de ser coisa para devir campo e processo. Lembremos do telejornal apresentando o que acontece em tempo real. Tudo se passa como se a tela fosse janela para o mundo, mas de tal modo que o mundo inteiro pudesse ser apresentado por inúmeros aparelhos. Esse mundo não se apresenta apenas para mim, mas para outros espectadores reais ou virtuais, como se cada situação flagrada tivesse por trás um olho anônimo e divino. Sabemos ainda que o real *online* está sendo registrado, portanto preparado para ser repetido de forma muito diferente da repetição ou da memória naturais, pois está sendo disposto em arquivos informatizados. O presente se junta ao passado, de sorte que o acervo de imagens está pronto para produzir novas vivências, novas informações invisíveis à primeira vista, novos conhecimentos estruturados em bases empíricas refinadas. Vale lembrar aquela cena do filme *Blow-up*, de Michelangelo Antonioni, em que a extraordinária seqüência da ampliação da fotografia leva à suspeita do crime. Ou ainda que a prova de existência de uma partícula elementar pode começar levando em conta minúsculo desvio de certas linhas de uma fotografia.

Nessas condições, é de esperar que o empobrecimento da

experiência vivida venha a ser compensado pelo enriquecimento da experiência virtual, a qual remói dados já capturados na tela ou num espaço pré-moldado, substituindo o trabalho de acerto e erro do experimento pela manipulação de imagens. É o que se constata, na forma mais simples, quando um arquiteto planeja uma casa no computador e explora, antes de fazê-la construir, seus principais espaços, observando a circulação, a volumetria, as incidências da luz, o jogo de cores. O que antes se imaginava ou se fazia concretamente, muitas vezes construindo para depois destruir, se realiza agora pela exploração de imagens, pensadas pelo aparelho mais do que manipuladas. O uso do computador, do telefone celular ou do aparelho de televisão, se resolve, desse modo, num toque criativo abrindo novas vistas sobre o mundo, criando uma co-presença de acontecimentos, esburacando o mundo da vida com novas situações e novos horizontes. Se, na verdade, o uso desses objetos sistêmicos os desliga de seus respectivos processos produtivos, em contrapartida, ele os apresenta como fontes criadoras junto da paisagem cotidiana, janelas simultâneas distribuídas numa mesma tela. Ou ainda desperta o simples ato lúdico de pular de um canal de TV a outro graças às vantagens do controle remoto. Se não se tornar irresponsável, esse emprego da imagem não é mais transcendência do que ingerência no uso?

1.8   Se é a própria noção de imagem que se subverte, em que medida a idéia de forma há de ser alterada para que possa acompanhar tais mudanças? Já vimos como estamos muito distantes daquela distinção aristotélica que separa, de um lado, coisa natural, sendo que esta possui em si mesma o princípio de sua produção, de outro, o artefato, que o recebe de fora. E sabemos que, já no início dos tempos modernos, a distinção aristotélica foi questionada na medida em que a coisa passou a ser vista antes de tudo no cruzamento e síntese de várias determinações, desprovendo-se de um núcleo identificador objetivo, daquilo que era e é o ser para a coisa. Considerá-la como coisa em si mesma sem o empuxo de seu vir a ser prepara o terreno para que se identifique como autômato. Não é o que fizeram Descartes e Hobbes? Os filósofos ainda têm lembrado que um artefato se distingue da coisa natural na medida em que seu modo de produção pré-afigura o objeto antes de sua existência. Marx assim resume uma reflexão de procedência grega: "Mas o que distingue, de antemão, o pior arquiteto da melhor abelha é que ele construiu o favo em sua cabeça, antes de construí-lo em cera. No fim do processo de trabalho obtém-se um resultado que já no início deste existiu na imaginação do trabalhador e, portanto, idealmente".[10] A dureza da imagem não anula seu caráter idealista: na cabeça do arquiteto a casa "existe" antes de existir no real. No final das contas, *como* existe? O desenvolvimento tecnológico fez com que ela possa, como vimos, existir antes no computador, onde a combinatória de suas partes vai além do mentalmente possível. Isso porque o objeto técnico informatizado se apresenta como arranjo de peças articuladas entre si mediante propriedades depuradas e trabalhadas pelas ciências, por conseguinte deixando de ser aspectos visíveis das coisas para se constituírem como resultado de suas combinações internas invisíveis e ligadas antes de tudo às suas estruturas moleculares, nódulo rico de propriedades movendo-se num circuito muito mais amplo do que o olhar é capaz de abranger. Não há dúvida de que o usuário desses objetos desconhece suas respectivas composições internas, mas *dá por sabido* que foram articuladas por seres humanos capazes de reconhecer essas pro-

10. Marx, *O capital* (São Paulo: Abril Cultural, 1983), vol. I, pp. 149-50.

priedades intestinas, dá como pressuposto que qualquer defeito haverá de ser consertado por mãos competentes. O computador se apresenta, pois, como poderoso autômato socialmente domado, objeto quase vivo e falante e, por isso mesmo, trazendo em si a ameaça de completa autonomia. Não é o que exploram os romances e os filmes de ficção científica?

Para nossos propósitos importa, entretanto, sublinhar que o mundo dos aparelhos informatizados nos traz experiências de combinação das partes num todo que vão além daquelas experiências de finalidade ligadas ao funcionamento dos organismos, interna, no vocabulário de Kant. Essa última, como diz o próprio nome, sugere uma combinação de órgãos, de partes visíveis, pedaços do todo aglutinados para cumprir determinada tarefa na manutenção do indivíduo na sua totalidade. Ora, o mesmo *chip*, dentro de um intervalo determinado, cumpre uma diversidade enorme de tarefas e assim se apresenta como espécie de catavento capaz de se mover conforme as mudanças do ambiente. Se a finalidade externa é uma espécie de compasso a determinar um intervalo dos meios possíveis para se chegar ao fim determinado pelo entroncamento de suas hastes; se a finalidade interna circunscreve uma totalidade orgânica da qual a obra de arte seria o primeiro exemplo; essa nova finalidade balanceando bens e fins possíveis pode ser comparada a uma tesoura cujas hastes, movimentadas pela técnica dos dedos, determinam a *variação* dos possíveis meios desenhados pelo espaço do cortar. Não é a partir dessa experiência que construímos obras de arte e passamos a ver aquelas do passado?

É natural que essa experiência cotidiana de novo tipo de finalidade, digamos assim de uma finalidade vicária, abra novos caminhos para melhor compreender os meandros do juízo estético, particularmente o tipo de identidade da obra de arte, cuja presença sempre deu o que pensar. Não há quem não reconheça que ela se apresenta diferentemente da coisa ou de um conceito, que está envolvida numa certa aura que, segundo uma análise clássica de Walter Benjamin, se desfaria porque, no modo de produção capitalista, ao ser dirigida sobretudo para o mercado, passa a entranhar em si mesma seu processo produtivo à medida que vem a ser reproduzida mecanicamente. Mais tarde examinaremos essa tese que, como tentarei mostrar, está ligada à forma pela qual se considera a semelhança como fonte da imagem. Por ora, contudo, basta notar que essa definição de aura — presença da coisa ausente por mais próxima que seja — desde logo situa a mimese no coração da obra de arte, a coisa presente e a coisa ausente devendo apresentar semelhanças arcaicas anteriores a qualquer método de projeção *construído*. Ora, tudo hoje não nos leva a tomar a mimese apenas como aquela base necessária para a apresentação das transformações que conduzem ao *juízo* artístico e trabalham seus aspectos expressivos? Seja como for, a reprodução mecânica não cumpriu o destino que lhe auguraram muitos autores da primeira metade do século XX. As salas de concerto não se esvaziaram porque vem a ser possível comprar um disco no supermercado, os museus e as galerias estão repletos de gente, muitas vezes conferindo o quadro que já conhecem por reproduções, e o cinema, ademais, combina o entretenimento com a produção de filmes de uma arte rara. Se a repetição não se tornou inimiga da arte, não seria porque muitos autores maltrataram esse conceito?

Não há dúvida de que a imagem, no mundo contemporâneo intoxicado por ela, tende para o *kitsch*, mas me parece que sua produção maciça também abre espaços para o jogo da arte. Assim sendo, tudo está a indicar que, na sociedade moderna, redefine-se a própria presença da arte. Não me parece que Benjamin tenha sido capaz de ver essa presença constituindo um sistema *aberto* de regras de visibilidade, deixando de lado, portanto, o paradigma do organismo, da boa finalidade interna presente na obra, em suma, o paradigma da forma como molde da visibilidade. Não há dúvida de que, em geral, a repetição seca o sentido. Não é o que se percebe quando a mesma palavra é repetida mecanicamente? Mas basta admirar o quadro de Andy Warhol no qual se repete a mesma fotografia de Marilyn Monroe, para tornar evidente que, nessa monotonia, emergem *leis de variação de aspectos,* criando *identidades de novo tipo,* ao mesmo tempo presença e regras de abertura. Cada fotografia da atriz é a mesma e diferente da outra, a repetição marca o ritmo de uma transformação da imagem que se esvai até se tornar apenas sugestão de rosto. Cada retrato individual, porém, funciona como espécie de ponto de referência para o compasso do olhar explorando outros retratos nas direções mais diversas, de sorte que cada imagem se transforma num valor determinado por suas combinações possíveis. Nada mais distante, portanto, da totalidade orgânica, de uma *presença singular* de algo longínquo, pois o quadro consiste numa repetição que varia para apresentar o alinhavo das ligações virtuais de suas partes. Se cada imagem assume o estatuto de dinheiro do espírito, não é para bloquear o consumo e se esvaziar sua presença postiça? Parece-me que os pares conceituais pelas quais a aura é pensada — imagem-aura/reprodução, distante/próximo, diferente/igual etc. — trazem consigo um modo de tornar presente a distância que retira da identidade da obra a *prontidão* para o pensamento. Eles bloqueiam qualquer bipolaridade marcando os elementos da imagem como adequados e inadequados entre si, ignoram como o método projetivo que vai da imagem ao imageado se refrata para dar lugar à visibilidade de seus meios de apresentação, portanto, desprezam qualquer outra forma de racionalização que não tenha como paradigma a verdade. Confinado a esse círculo de ferro, não resta ao filósofo outro recurso senão pensar a aura em termos fenomenológicos que jogam com a dualidade entre a presença e a ausência, o que o leva a namorar o misticismo. O bom cinema é celeiro de exemplos de repetições criadoras. Não há dúvida de que um filme comercial é inimigo da tradição criativa e da autenticidade. Mas não acontece o mesmo com o lixo das pinturas artesanais expostas nas praças públicas? É de esperar que filmes e programas da televisão desta ou daquela qualidade modifiquem nossos modos cotidianos de perceber e de pensar. A narração entrecortada de uma luta de um filme de ação dificilmente seria acompanhada por quem estivesse acostumado apenas aos filmes de Chaplin. Ora, esse novo modo de ver não abre espaço para que um autor deixe neles seu selo, consiga dar sentido a um trabalho coletivo? Por certo o cinema comercial degrada a tradição e intoxica o olhar, mas isso porque os novos meios eletrônicos geraram um universo rico de aventuras próprias, imagens que alinhavam aspectos nunca antes vistos. Um passeio por uma Bienal nos intoxica de maus vídeos, mas nesse mesmo fluxo sobressaem trabalhos como o de Bill Violla ou o de Garry Hill. A história de Joana d'Arc foi contada milhares de vezes, nunca, porém, se viu aquela seqüência de rostos em *close up* na qual Dreher inscreve a sentença de morte. Não creio ainda que se possa afirmar sem rodeios que a versão de *Macbeth* feita por Orson Welles seja menos autêntica do que aquela realizada por um grupo estudantil que, aliás, não pretende rivalizar com a última apresentação do The Globe. Basta escutar um dos monólogos proferidos por Welles para perceber a riqueza de aspectos e de variações de uma fala que devém expressiva na sua cortante angústia e brutalidade. Se um texto de Shakespeare foi escrito para ser dito, não é a interpretação de Welles uma das mais autênticas por ser uma das mais ricas? Além do mais, qual é o original desse filme? A cópia conservada no estúdio onde foi rodado? Aquela que foi reconstruída juntando pedaços das mais diversas procedências, como acontece com *É tudo verdade*? Mas a devoção que marcou a recomposição deste último filme não indica um novo tipo de aura, presença não de uma coisa ausente, mas de um sistema de transformações que o cineasta descobre nos fragmentos existentes? O engano, a meu ver, reside em pensar a presença do objeto belo como se dependesse de uma intuição *sui generis*, quando tudo indica que ela se resolve no respirar de uma legalidade que se arma e se ostenta a cada passo da obra, ponto de fuga tecido neste ou naquele exemplar, sendo que entre uns e outros se articula uma escala ordenando os menos e os mais ricos na capacidade de fazer ver caminhos de variação tanto na imagem como no imageado. O bom filme mostra que, para nós, bela se diz aquela obra rica de canais condutores da visão, cuja presença nunca se esgota, nunca traz a certeza de que foram percorridos à saciedade e, por isso mesmo, nunca chegam a ser repetidos na sua identidade morta.

Seria tolo desconhecer a importância das contribuições de Walter Benjamim no campo da teoria literária e da estética; talvez eu esteja apontando um fantasma que se dissolve quando se percorre a riqueza de suas análises particulares. Mas se tomo suas definições como ponto de referência é porque ele, como outros pensadores de mesma linhagem, tem servido para divulgar uma concepção de arte que, a despeito de combater toda forma de platonismo, parece-me conservar a convivência platônica entre arte e verdade. Acredito que o bom caminho se orienta para outra direção, e sublinho o lado construtivo da obra de arte, no caso particular da imagem, a fim de indicar como o quadro, embora sendo logos emergente, mais do que falar do Ser ou da Verdade de uma situação histórica, a instrumentaliza para abrir fissuras no mundo e deixar transparecer o passado e o futuro, na ânsia de criar novas formas de ver a vida, marcar o mundo dos fatos mas criando novos mundos subjetivados por um modo particular de lidar com aspectos.

Não é assim que também se expande o mundo de nossas vidas cotidianas? Tenho sublinhado que a identidade do planeta Vênus depende da construção de uma trajetória ligando o curso da estrela da manhã e aquele da estrela da tarde, pois só assim as duas coisas visíveis se convertem em aparências do mesmo astro. A identidade de um quadro me parece consistir no processo de tornar visíveis trajetórias entre suas partes vistas, mas de tal modo que elas apareçam como nunca dantes vistas, já que nunca lograriam desenhar o mesmo planeta. Na pintura, o belo se liga, portanto, a uma fuga de variações em busca de uma arte da fuga, inclusive daquelas que a tradição depositou numa obra, independentemente das impressões digitais do autor. Não é o que indicam as polêmicas criadas quando de uma restauração de uma obra de arte? Nas *Bodas de Caná*, por exemplo, uma das figuras frontais foi pintada de verde e recoberta por vermelho por outro pintor. O restauro deveria restituir a cor original, assinada por Veronese, ou manter a "aparência" que se constituiu ao longo de uma tradição? Recuperar o "original" não trai as centenas de cópias feitas a partir da tela repintada, testemunhos importantes do modo pelo qual ela conduziu o olhar de pintores e expectadores? Voltar à cor primeira não amputaria uma parte da história da pintura? A decisão tomada de voltar ao original indica apenas que prevaleceu, dentre várias possíveis, uma interpretação que liga o autêntico à sua história *evénementielle*, mas não invalida outras, talvez tão válidas como a primeira do ponto de vista estético.

Tudo isso se perde quando se concebe a presença da obra de arte autêntica na base de critérios fenomenológicos, ligados ao jogo do visível e do invisível, mas distantes daquela travação de sentidos armada mediante caminhos de visibilidade possível. Mas como pensar esse travejamento que tanto se apresenta como se oculta? Em primeiro lugar, reconsiderando o modo pelo qual uma obra de arte representa. Não se resume em colocar algo em lugar de algo, nem mesmo em mentar algo a partir de vivências próprias; a representação está na imagem construída, projeção de algo sobre algo, de tal modo que somente *alguns aspectos* se tornam representantes de algo sintaticamente possível, mas revelando aspectos que se assumem como representantes expressivos. Se, na percepção cotidiana, alguma coisa ganha sentido conforme perfis percebidos se remetem a outros ocultos — as faces do cubo presentes indicando as ausentes —, a estátua ou o quadro belos, pelo contrário, adquirem sentido se em si mesmos congelam alguns aspectos da coisa, mas de tal modo que a imagem, mais do que decalque da coisa, vem a ser *figuração construída*, criando uma necessidade aberta a indicar um além que nada tem a ver com a existência dessa coisa.

Não me parece existir lugar para a beleza plástica fora dessa atividade de *construir imagens*, vale dizer, articular figuras e partes delas a fim de que se construa uma legalidade referencial em vista de uma situação possível, desprovida, porém, de qualquer identidade prévia. Isso vale, creio eu, até mesmo para a beleza aderente, aquela que diz respeito a objetos ou a situações do mundo. A admiração não está filtrada igualmente pela construção de uma espécie de método projetivo que se nega a si mesmo? Somente se diz que uma montanha é bela — e lembremos que no século XVII era exemplo de feiúra — porque aprendemos a salientar na sua presença aquele perfil, aquela massa de verde encaroçado de suas matas, aquela nesga de mar que a separa do continente e assim por diante. Sua presença natural, tal como se dá no mundo cotidiano, é posta em xeque para revelar outro modo de presentificação, como se uma imagem se colasse ao objeto, colocando assim em xeque sua existência, precisamente aquela certeza de remeter o perfil presente ao perfil ausente, característica da percepção de qualquer coisa natural. E isso não acontece porque mudamos nossa atitude diante da montanha, mas simplesmente porque a reconstruímos admirando seus momentos, mas de tal modo que sua aparência vale como existência de regras visíveis de transformação. No fundo, toda obra-prima é sublime, transcende a si mesma embora nem sempre pela grandeza.

O lado místico do conceito de aura se perde quando o objeto artístico, embora continuando a ser visto indo além de uma identidade presente, aparece como o congelar de métodos de construção de imagem, transformação de sinais do objeto em momentos simbólicos dele como imagem. Não é raro um pintor arrepender-se ou fazer diferentes versões do mesmo quadro, às vezes umas mais belas do que as outras. Onde está essa diferença? De novo ressurge a questão: como se entrelaçam aqui repetição e diferença? Por exemplo, o que significa ter diante dos olhos várias cópias da mesma gravura, sendo que somente um olhar muito treinado será capaz de distinguir uma cópia de outra do ponto de vista da qualidade da impressão? E quando compro num museu um exemplar de nova tiragem, cujo molde foi recomposto por meios eletrônicos e reimpresso como antigamente, não é por isso que sua aura desaparece. Não há dúvida de que essa reprodução não possui o mesmo preço da gravura original, mas *As três árvores*, obra de Rembrandt que tenho diante dos olhos e que foi cuidadosamente escolhida e comprada, a preço módico, no Rijksmuseum, não perde um átomo de seu mistério. Aliás, essa gravura dissolve, de modo patente, a questão da autoria ligada à individualidade divina do gênio, pois convém lembrar que ela termina um trabalho iniciado por Hercules Seghers — Rembrandt é um dos herdeiros do espólio desse artista —, cuja presença ainda se percebe na paisagem de fundo, composta por objetos tocados pela ruína. No final das contas, não é dupla a autoria dessa obra, como se o objeto singular cruzasse duas assinaturas?

Por certo, ao tratar da aura, Walter Benjamin se refere à obra contemporânea mecanicamente reprodutível. Mas acredito que o conceito de reprodução mecânica é ambíguo, pois a multiplicação material do mesmo objeto artístico o coloca numa dialética do mesmo e do outro que, em vez de destruir, pode aumentar sua aura. Não é o que acontece quando corremos a uma sala de concerto para ouvir ao vivo aquela peça de Bach cujo disco, numa gravação muito cuidada, pode ser comprado na esquina? Por mais que nos familiarizemos com reproduções, por mais que ouçamos música gravada, estamos sempre prontos a nos precipitar para as exposições, para os museus, para os concertos. Não é porque somos movidos por uma certeza larvar de que a obra original pode apresentar aspectos cujo movimento foi congelado pela cópia? Se ver um quadro é procurar sua legalidade intrínseca, se essa legalidade é fuga para outras regras apenas sugeridas e para outros encantos, sua presença é promessa de novos jogos de um entendimento visível, por conseguinte busca de matriz original nunca encontrável, a não ser mediante critérios históricos, nunca propriamente estéticos. Por mais que se admire uma reprodução, sendo ela construída, sempre está no horizonte a suspeita de que algo se perdeu na repetição.

1.10   Também no campo do *design* a repetição se transforma. Nada mais próximo de uma escultura do que um objeto de uso assinado por um grande *designer*. Não é à toa que se expõem nos museus uma cadeira de Alvar Aalto ou a *lettera 22*, máquina de escrever da antiga Olivetti. Mas há entre eles e uma gravura de Picasso uma sutil diferença. Como pensá-la? Não há dúvida de que alguns negam essa diferença, mas são poucos e não colocam em xeque a fronteira, ainda que fluida, entre o *design* e a obra de arte. Aliás, o fato de um objeto de uso ser exposto num museu já o transfere para outro universo de avaliação.

É de notar que um objeto de uso não é dito belo porque vem a ser julgado perfeito nesse seu uso, pois em geral pode ser empregado de várias maneiras, havendo casos em que o feio pode ser mais apropriado do que o bonito. Isso não significa, porém, que esse tipo de perfeição não namora a beleza. Diz-se igualmente bela a dedução de um teorema que faz a passagem das premissas à conclusão de modo elegante, pertinente e revelador de um elo necessário; ou belo um texto de filosofia ou seu comentário porque testemunham acuidade extraordinária que faz de cada coisa o que ela pretende ser. O ser da pintura, contudo, é diferente, muito mais difícil de ser encontrado. Por mais indefinido que seja, não haveria, contudo, na pintura, um campo de aplicação específico do predicado "belo"?

Um móvel de Aalto é assinado, testemunha os modos de sua feitura, a ousadia da pesquisa de materiais e ainda ostenta a perfeição de um estilo. No que sua beleza se distingue da beleza de um quadro? Jean-Pierre Séris nos dá pistas para responder a essa pergunta. Analisando uma poltrona do arquiteto, feita de placas amoldadas e recurvadas, ele escreve:

> Os materiais e forma se engajam numa dialética surpreendente: graças a novas técnicas, graças a formas definidas em função dos pontos de apoio, graças à mobilidade da estrutura (poltronas reguláveis), a adaptação ao corpo não se faz mais pela adjunção de elementos compensadores [...]. A estrutura libera os mate-

riais de suas vocações primitivas, ou nelas libera potencialidades insuspeitadas.[11]

Não é porque o objeto cumpre maravilhosamente suas funções que é belo como um quadro, mas porque adapta inovando, usa e faz ver os materiais sob aspectos diferentes do tradicional. Há, contudo, diferenças na inovação do *designer* e naquela do pintor. Essa poltrona é mesma em relação a outras da mesma linha, mas também é mesma em relação a outros objetos desenhados pelo primeiro artista, de sorte que sua assinatura passa a se apor aos objetos como se eles se assinassem a si mesmos. Até aqui os móveis se repetem como se repetem as cópias da mesma gravura. Além da assinatura, da presença do autor, as cadeiras, as mesas e outras peças, desde que sejam da mesma linha, se reportam umas às outras apenas como casos de uma regra reflexionante, tudo se passando como na especificação dos gêneros naturais, cujas espécies diferem remetendo a uma matriz comum. Mas nessa relação do universal com o singular não se esperam grandes surpresas. Duas cadeiras de Le Corbusier são apenas numericamente distintas, como são aliás as diferentes cópias de uma gravura de Picasso. Mas as surpresas brotam aos borbotões na série Vollard, quando uma gravura se segue à outra como variações de uma fuga: a repetição ocorre entre momentos de vários trabalhos, de sorte que o universal continua se conquistando num jogo de repetições e diferenças. Um mesmo tema é explorado, soluções se repetem, mas cada trabalho traz novo mistério, ou melhor, uma abertura que a repetição das cadeiras ou das cópias da mesma gravura não possui. No movimento de reiteração, o mesmo se dá como se de cada passo surgisse uma aventura. Se essa gravura está assinada ainda que seja por seu modo de ser, testemunho de certo estilo,

11. Op. cit., p. 265.

da maneira de aplicar regras que o próprio artista inventa ao longo da resolução de seus problemas, não é por isso que se esgota como exemplo da regra inerente ao estilo inventado; ao contrário, pretende ir mais adiante, exibindo uma regularidade que se torce ao longo do caminho, pronta a ser inventada de novo. Os móveis de Aalto criam seu universo, são moldados por regras que ainda são reflexionantes, mas logram aquietar-se numa repetição que uma série de Picasso ou de Goya está longe de possuir. Nesses últimos exemplos, é como se o objeto regulado, harmonizado inclusive nas suas dissonâncias, estivesse preste a explodir, ir além de si mesmo. Mais do que criador e inventor o artista é inovador.

Daí a importância de extravasar a noção de forma como presença, fôrma a cunhar a matéria, o que a faz semelhante a uma *Gestalt*, figura visível que esconde sua determinação de ser *reinstalada*. Num quadro, a trama é vista afigurando algo, mas para mostrar aquela totalidade brilhando diante de meus olhos admirados. Essa totalidade, contudo, não é *Gestalt* presente, mostra-se como abertura de caminhos, labirinto a ser percorrido de múltiplos lados, umas partes presentes, outras aludidas, outras ainda prestes a se presentificar. O cubo visto sugere suas partes ocultas, mas traz presente sua identidade; um quadro põe em xeque a identidade do suporte e da situação representada. Não se constitui ele como enigma, na medida em que se põe como presença e ausência de caminhos de um olhar possível?

Isso acontece até mesmo na arquitetura, isto é, numa arte não-figurativa. Se o templo repousa sua constância sobre o rochedo; se este "repousar sobre", como quer Heidegger, ressalta o obscuro de seu suporte bruto; se essa sua constância como obra construída enfrenta a tempestade, contrastando sua rigidez com as vagas do mar, fazendo transparecer, mediante sua calma, o desencadeamento das águas; se a árvore e a grama, a águia e o touro, a serpente e a cigarra assim encontram suas respectivas figuras de evidência, aparecendo como são,[12] não é por isso que todas essas belas figuras de retórica, ecoando o que ele é, nos poupam de *pensar* que ele se constrói articulando suas partes de tal modo que a curva de suas colunatas corrige os enganos do olhar, cria com os frontões uma relação harmônica que faz ver partes matematicamente concertadas e chama a atenção para o friso narrando a seu modo episódios mitológicos. Igualmente o quadro de Van Gogh que figura um sapato, mais do que vir a ser a abertura daquilo que o produto sapato é em sua verdade, mais do que apresentar a garantia, a sólida certeza (*Verlässlichkeit*) do artefato, é ele mesmo artefato tornando visível um *jogo* entre suas formas, suas cores, suas linhas sugerindo espaços em movimento. Qual é o sentido do jogo do templo ou do jogo do quadro? Mas para que essas questões possam ser respondidas é preciso atentar cuidadosamente para cada obra de arte e descobrir, na sua presença, o enredado de seus caminhos, cujo percurso instala um tempo simétrico a se infiltrar no olhar vagabundo, apresentando aspectos da coisa e dos meios de sua apresentação que de outro modo desapareceriam na dominação da presença. Assim sendo, ao seguir com o olhar os momentos do quadro, quer aqueles que congelam aspectos da coisa figurada, quer aqueles que revelam os meios de suas apresentações — a amarelidão do amarelo, a vermelhidão do vermelho, a pastosidade da pasta colorida, o traço da espátula e assim por diante —, estamos instituindo um sistema de regras por meio do qual o quadro ganha sentido. O belo templo é o edifício que projeta aquelas relações de força, quantificáveis e responsáveis por sua existência como artefato, numa imagem harmônica de si mesmo, onde sua estrutura aberta configura uma imagem, embora seja imagem de si.

12. Martin Heidegger, "Der Ursprung des Kunstwerkes", in *Holzwege* (Frankfurt: Klostermann, 1963), p. 31.

Não basta, pois, abandonar a noção de forma como cunhagem da visibilidade e, no seu lugar, situar a luta entre o expor-se e o esconder-se do Ser. Quando o pensamento envereda por esse caminho, que faz confluir beleza e verdade ante-predicativa, afasta-se da análise particular de cada obra, como se antes de ser vista na sua singularidade ela nada mais fosse do que o caso da arte em geral. Desconfio daqueles que falam da arte *tout court* e prefiro tentar outras soluções, examinar artefatos um por um, contrapostos aos objetos técnicos de nossa vida cotidiana, aqueles considerados costumeiramente obras de arte, sem me importar com os limites que os encerram num gênero, ou melhor, que os transformam em casos de uma essência, mesmo se essa essência fosse apenas origem, salto originário (*Ursprung*) para um modo do Ser. Contento-me em considerar uma família de artefatos semelhantes e tentar descobrir como instauram sentidos, e de que espécie, inspirando-me naquele ato original com que, ao colocar uma flecha num poste, empresto sentido ao caminhar, faço que ele venha a ser correto ou incorreto conforme siga ou não uma direção apontada. A dificuldade não é só explicar como se pode ver um quadro incorretamente, mas por que mesmo um grande pintor fabrica quadros incorretos. Onde está a linha que os separa?

Antes, entretanto, convém explorar os modos pelos quais 1.11
a referência da imagem sofre na pintura uma transformação que tanto a empurra para o lado da materialidade da imagem como cria novas relações significativas entre os próprios objetos pintados. Tive a oportunidade de ver a exposição *Dans l'écart du réel*, com trabalhos de Morandi de 1940 a 1960, dispostos de tal forma que evidenciavam as ricas transformações desta ou daquela garrafa, deste ou daquele copo. Mostrava *in concreto*

sua obra se articulando como fuga: dado o tema, seguem-se variações em mútua simpatia.

Logo na entrada deparei com uma de suas primeiras telas (1918), na qual testemunha suas ligações, de um lado, com De Chirico, ao sugerir objetos no seu isolamento; de outro, com Picabia, na medida em que combina objetos mecânicos. Estava ali para sublinhar a distância que se abre entre essa composição, resultante dos cruzamentos de planos e figuras desenvolvendo-se no interior de uma caixa figurada — portanto, construção de um espaço geométrico lembrando o vazio metafísico —, e aqueles outros quadros figurando garrafas, potes e pequenas caixas que, de tanto serem repetidos, se tornam familiares como qualquer objeto do mundo cotidiano. Com uma enorme diferença: enquanto os objetos à mão constituem pontos de passagem a *indicar* comportamentos — a cadeira sugere o sentar etc. —, as figuras das garrafas desde logo congelam e escondem o guardar e o derramar, ocultam o gesto real para sublinhar diversas nuanças no ver o mesmo representado. Ao contrário dos artistas realistas, Morandi retira da garrafa seu rótulo e outras características capazes de individualizá-la como objeto do mundo, para se fixar primeiramente na singularidade de sua mera presença plástica. Sabemos que, para isso, pintava a própria garrafa, revestindo-a de pó ou enchendo-a de tinta, em resumo, colando na coisa sua imagem. No entanto, a disposição dos quadros na mostra me empurrava para outros, antes mesmo de terminar o exame daquele diante do qual me postara. A repetição da mesma garrafa impunha ao olhar um ritmo que retirava da imagem repetida sua *denotação*. A repetição obstinada da mesma palavra a transforma na monotonia de um som, mas a seqüência das mesmas imagens sutilmente diferenciadas fazia com que suas partes fossem vistas como elementos de imagens possíveis.

Essa dança do olhar era interrompida por pausas que me

levavam a escolher um quadro e mergulhar nele. Descobria então um espaço que se corporificava, por exemplo, graças à junção de dois planos, distintos sobretudo pela diferença no matiz da mesma cor, limitados pelo retângulo da mesa suportando a célebre garrafa canelada, tendo ao lado potes e tigelas familiares. O olho se detinha nos diferentes perfis, nas diferentes tonalidades dos objetos pintados de branco, como se agora eu os tivesse vendo por meio de óculos transparentes. E trocando de óculos o quadro se compunha pela sedimentação de diferentes películas. Nesse momento, de fato, um espaço se mostrava pelos planos molhados de cores nebulosas, densas de tonalidades apenas sugeridas, singularizando objetos que às vezes se fundiam um no outro, mas que exibiam sua identidade na disposição que passavam a ocupar nessa coreografia. O quadro ao lado, porém, me puxava para mostrar como a mesma garrafa, o mesmo pote e as duas tigelas agora se dispunham de maneira diferente na mesma mesa, vista, porém, de outro ângulo, contra um fundo cinzento sem qualquer outro relevo além daquele constituído por sua cor. Em resumo, minha atenção se consumia quer vendo um único quadro — fonte de caminhos sempre se abrindo uns para os outros —, quer sendo atraída para os caminhos sugeridos em outros quadros.

E assim de quadro em quadro, na medida em que os mesmos objetos eram apresentados sob *aspectos* diferentes, seja neles mesmo, seja no seu relacionamento com os outros, cada coisa figurada passava a ser investida de suas combinações possíveis, como se fosse lugar circunscrito pelas possibilidades e impossibilidades de suas combinações. Na diversidade de suas diversas presenças visíveis, os múltiplos aspectos do *mesmo* transformavam a mesmidade dele no feixe de suas relações virtuais. A imagem de algo, o sinal do mesmo, conforme vinha a carregar em si a virtualidade de suas combinações possíveis, constituía-se como elemento de uma sintaxe formada por aqueles objetos que igualmente se apresentam no cruzamento de suas possibilidades de vínculo. Não há dúvida de que em cada tela um objeto exibia sua individualidade densa. Cada imagem da mesma garrafa inaugurava uma figura que se contém a si mesma no seio do dispositivo que a contém. Consistia, portanto, numa singularidade muito distante da exposição de um conceito, de um universal indiferente, na medida em que a imagem seria apenas o caso de uma regra. Sua presença de garrafa singular difere, pois, daquele traçado que representa um triângulo qualquer, porquanto está prenhe de matéria visível, contida no seu contorno, mas igualmente matéria que se individualiza mediante as diferenças com as matérias de outros corpos. Mas, de outro lado, essa mesma imagem, graças ao trabalho da memória e da imaginação a depositar nela seus modos já vistos no passado e a serem vistos no futuro, é parte de um jogo de linguagem não-verbal. A garrafa sai desse quadro e se dá como elemento da linguagem de Morandi, sinal transformando-se em signo, ao lado de outros objetos igualmente providos de suas possibilidades de vínculo, criando um mundo, o mundo do pintor Morandi. Em contraposição ao futurismo, sua pintura é libelo contra a segunda natureza construída pela técnica, cria sua própria linguagem, onde os objetos assumem valores na medida em que se negam como objetos tecnológicos. O bebê que se vê num cartaz da rua, gesticulando indecentemente como gente grande, enaltece as virtudes da informática, sua capacidade de juntar, no curso do tempo, diversos gestos de um adulto num corpo de criança. Diante de um retrato vemos antes de tudo uma pessoa, diante dessa imagem percebemos apenas um monstrinho virtual. As imagens plásticas de Morandi, porém, nos *ensinam* uma técnica de ver, na articulação das imagens, de que forma as coisas já se apresentam como imagens, de tal modo que essa conivência entre aspectos das coisas e aspectos da própria imagem apareça como fonte de sentimentos íntimos.

A análise fenomenológica não pode apreender essa transformação do sinal em signo, visto que se atém a valores visíveis, plásticos, deixando de lado a universalidade deles como elementos de quadros possíveis, por conseguinte, não apreende como a coisa se torna imagem ao se projetar na sua imagem plástica. A linguagem de um pintor é mais rica do que um sistema de referências semelhante àquele que o garfo mantém com a faca, referências noemáticas, como se diz na linguagem da fenomenologia, porquanto uma garrafa de Morandi se reporta ao pote e à tigela também de Morandi, vale dizer, aos trabalhos que ele pode criar. Na medida em que foi variando os meios de apresentação da mesma garrafa, ele a retira do mundo e a coloca como átomo definido por suas capacidades e incapacidades de se distinguir ou se confundir, combinar ou descombinar com novos átomos figurativos, elementos de seu mundo.

Do mesmo modo, quanto Manet explora as formas de Paris e de seus arredores, ele não pinta o Sena, Notre Dame, a Pont Neuf e assim por diante, mas diversas imagens de uma superfície aquosa ou de uma massa de pedra, percebidas dos pontos de vista mais diversos, de forma a se constituírem no "Sena de Manet", na "igreja de Manet" e assim por diante, objetos que se configuram como elementos de um mundo pictórico próprio, que se cruzam num quadro invocando outros, mas cujo cruzamento se faz único na medida em que promete um além dele mesmo. Não é isso que acontece, com maior ou menor grau de evidência, na obra de outros pintores? Se uma obra de arte nasce no cruzamento de elementos relativamente simples, pertencentes a um mundo criado por eles mesmos, não é por isso que perde sua singularidade ímpar, pois o cruzamento desses objetos serve para abrir um espaço além das regras que eles mesmos significam.

1.12   Os arqueólogos sabem que muitas vezes se torna impossível distinguir, pelo simples aspecto, a faca de pedra lascada da lasca que se separou de uma pedra maior. A diferença só se evidencia, por exemplo, quando se mostra que foi talhada de modo a facilitar sua fabricação ou realçar certas propriedades do material que lhe confiram maior funcionalidade. Os seres humanos dessa época escolhiam um tipo de pedra dura, que acolhesse o talhe numa certa direção, se pretendessem obter um objeto cortante; outro tipo de pedra, se procurassem obter uma faca especializada em perfurar e assim por diante. Por isso fabricar tanto imprime forma no objeto quanto abstrai e consolida aquelas propriedades mais apropriadas ao uso. Se o objeto produzido pela técnica, o artefato, traz de fora seu princípio de individuação, ele tem igualmente suas entranhas revolvidas por essa mesma técnica que, associada ao conhecimento, separa e rearranja suas partes para torná-lo mais adequado a determinados usos. Se, em graus variados, cada modo de produção inova, embora somente o capitalismo repouse numa constante inovação tecnológica, é de esperar que cada um lide diferentemente com aquela repetição inerente ao processo de trabalho. No que nos diz respeito, é perceptível como o capital contemporâneo, precisando dissolver essa repetição, tende a associar trabalho manual com trabalho intelectual. Não é conquista contemporânea fazer do conhecimento um trabalho?

Se a pintura está sempre no limiar entre essas duas formas de trabalho, se, além do mais, as enviesa para livrar-se da função de fazer conhecer o imageado e conferir à imagem dimensões expressivas, não está sempre, por isso mesmo, se configurando como atividade a fugir daquela homogeneidade da atividade economicamente produtiva, desenhada historicamente por cada modo de produção? Não é assim que pode ter sua própria história, ancorada na necessidade de mudar o estilo aceito, para evitar que repetição se congele em tradição? Não é assim que se criam linhas históricas em que a pintura inova em relação a si mesma, seguindo certas alternâncias — formas abertas ou fechadas; predomínio do conceito ou da ilusão etc. — que impedem a monotonia do ver e preparam a atividade inovadora de fazer ver?

O arquiteto desenha a planta e a traduz para o terreno empregando materiais convenientes, inova conforme deve vencer obstáculos inesperados; mas não pode desobedecer àquele equilíbrio de forças entre as partes responsáveis pela estabilidade do edifício. Por sua vez, o pintor, se, de um lado, às vezes préafigura, embora de modo muito vago, o quadro como cena ou estruturação de formas e cores, se narra uma história, o que lhe importa sobretudo é evidenciar aquelas variações de aspecto que emprestam ao suporte dimensões expressivas. Não é do mesmo modo que pinta uma laranja a têmpera, a óleo ou a encáustica. Ao pousar na tela um aspecto visível da laranja, explora as propriedades do material empregado para exprimir propriedades táteis e até mesmo gustativas da fruta, mas de tal modo, suponhamos, que a têmpera da casca da laranja ecoe na têmpera da pele do limão, estabelecendo entre elas novas convivências. Em vez de cunhar forma na matéria, molda uma forma visível conforme constrói nela trama de relações reais e possíveis, assim como explora zonas de indeterminação a circundar as próprias formas antevistas e *in fieri*, com o intuito de realçar aspectos até então invisíveis no modelo e nos materiais empregados. Mais do que impor uma forma-cunhagem, estabelece padrões estruturados e estruturantes, passíveis de fazer ver, à medida que forem articulados em momentos presentes e ausentes, visíveis e invisíveis, tanto do objeto-imagem como de seu meio de apresentação.

Nessas condições é de se esperar que esse processo de construir imagens tenha sido, no curso da história, considerado e avaliado das mais diversas maneiras, embora sempre em negação com o trabalho artesanal. Não é nos desvios do estilo hierático e nos cacos de pedra que o pintor egípcio encontra espaço para se exprimir? Vejamos outros exemplos dessa tensão para salientar como se determina historicamente. Os gregos dos tempos de Homero, dos quais herdamos nossas primeiras formas de pensar, ao valorizar a política como a mais digna atividade humana, só podiam perceber o trabalho manual como atividade própria de escravos, mas tratavam de contrapô-lo ao mister do demiurgo, aquela atividade fora do *dèmos* realizada em benefício do público. Somente aquele trabalhador provido do direito de passar livremente do domínio privado para o público merecia o nome de *demiourgos*: caso dos carpinteiros, dos ferreiros, ou ainda dos adivinhos, dos arautos etc. Desse ponto de vista, aos pastores e aos pintores era possível atribuir foros de cidadão, o que era negado aos cultivadores e escultores, cuja atividade estava mais próxima do trabalho repetitivo. Nada impedia, contudo, de reconhecer o caráter excepcional das obras de Fídias, em particular da estátua de Zeus a que se atribuíam poderes mágicos. Somente no fim do século V a. C. é que, como nos informa Hannah Arendt,[13] a diferença entre o trabalho doméstico e o operar para o público, dominante em Homero, cede lugar para uma classificação das ocupações segundo o esforço demandado por elas, mas isso obviamente não mudaria a situação privilegiada do pintor se outro critério também não interviesse.

13. Hannah Arendt, *Condition de l'homme moderne* (Paris: Calmann-Lévy, 1983), capítulo III.

Não julgo necessário separar a repetição mecânica do trabalho da repetição criativa do operar, como pretende Arendt, pois basta lembrar que o ato de trabalho não se repete por muito tempo sem se ligar a um modo de propriedade, vale dizer, a um sistema dotado de suas próprias matrizes de invenção e de consumo. Além disso, a operação inventiva pode ser aproximada da simulação, da perda de realidade. O demiurgo que cria o mundo cotidiano a partir das idéias-formas imita e, por isso mesmo, é o pai dos poetas que serão expulsos da *República* de Platão. Convém lembrar ainda que a palavra *demos* designava tanto a terra habitada por um povo como o próprio povo; sendo que ela, por sua vez, como nos informa o dicionário Bailly, está associada ao grupo sânscrito *dati*, que significa "dividir", no mesmo sentido do verbo grego *daio*. A atividade do *demiourgos* é pois formadora e divisória, redistribui os espaços sociais assim como circunscreve seu próprio espaço na sociedade que ele ajuda a criar; em suma, cria separando. Ora, essa separação concebida como mimese é queda, mas igualmente instalação de autonomia. Noutro contexto muito diferente, quando Jeová cria o homem à sua imagem e semelhança, também não combina dois vetores: a autonomia da vontade e o destino da queda? Não há como evitar, os construtores de imagem entrelaçam a maldição de se ocuparem de simulacros e o poder de cunhar o divino na matéria.

Seja como for, a maldição do esforço físico, expressão de uma sociedade escravocrata, perseguia o construtor de imagens, penalizando obviamente o escultor. Ainda no fim da Idade Média a atividade de pintar se encontrava no meio, entre as artes servis e as artes liberais, portanto sendo mais nobre do que o trabalho de esculpir, inevitavelmente misturado ao trabalho braçal, isso a despeito de a escultura ter alcançado extraordinário nível artístico. Na mesma linha, Leonardo privilegia a pintura em relação à escultura, mas agora opondo o trabalho de conhecimento do pintor ao esforço manual do escultor. Noutro contexto, porém, num país tradicionalista como a Espanha de Felipe IV, nem mesmo o pintor estava livre da mácula do trabalho repetitivo, pois lembremos que Velázquez só foi nobilitado depois de submeter-se a um processo de limpeza de sangue a fim de comprovar que não possuía "defeito mecânico". E a corte precisou testemunhar que o pintor nunca trabalhara, embora possuísse talento divino posto a serviço do rei.

Foi na Itália, no fim do Renascimento, que os construtores de imagens puderam se aglutinar numa única categoria; lá eles se liberaram definitivamente dos constrangimentos impostos pelas guildas, deixaram de ser avaliados segundo o esforço físico despendido e se organizaram em academias. A Accademia del Disegno, em Florença (1563), e logo depois a Accademia di San Luca, em Roma, reuniam "desenhistas", independentemente do material com que trabalhavam, elaborando, assim, a matriz a partir da qual se formaram as academias do século XVIII, que reuniam artistas de toda espécie. Aos pintores e escultores se lhes pediam apenas que se mostrassem capazes de produzir obra original, obra-prima, a ser doada à instituição. Estava preparado, desse modo, o caminho para a categoria romântica de gênio, traço de qualquer artista criador, o que fazia da construção da imagem o ato instituinte por excelência. Como Deus, o gênio criaria à sua própria semelhança.

Essas breves considerações servem para sinalizar a grande mudança por que passa a categorização social do pintor quando este deixa de ser exclusivamente construtor de imagens para vir a ser artista plástico. Ele mesmo, aliás, rompe com as barreiras antigas ao colocar a coisa no lugar da imagem — a colagem, o objeto aposto, o *ready made*. Não é por isso que pode denominar sua obra "trabalho", atividade sem qualquer outra conotação a não ser o seu modo próprio de modificar o dado, para transformá-lo em produto? Por certo recusa qualquer identificação com o trabalhador manual, mas ele não é nem o gênio romântico ressoando o mundo, nem o boêmio que recusa o cotidiano burguês. Ao se qualificar como artista plástico, ele se nivela democraticamente a qualquer modelador, embora não perca a aspiração a ser inventivo. Como qualquer outro trabalhador, procura a diferença que lhe garanta posição estratégica no mercado, mas criando riqueza material assim como riqueza espiritual, mercadorias que podem atingir altos preços sem representar valor-trabalho. De um lado, mergulha no mercado, produz obras sem qualificação social (meros trabalhos), pois somente assim haverá de ser considerado exclusivamente pela marca que nelas deixa seu ato singular de modelagem; de outro, visa o museu, onde seu trabalho poderá ser visto para que ele próprio seja visto. Nessas condições, está sob a tentação de aliviar o peso da mediação da obra, na sua qualidade de moeda concreta do espírito, para ressaltar apenas aqueles aspectos do modelo que exprimem a diferença específica que o faz sujeito. Na generalidade de produtor de "trabalhos", de objetos sem objetividade, tende a se colocar, então, como prestador de serviços artísticos.

É notável que, nos tempos do capitalismo tardio, quando os objetos técnicos são dotados de obsolescência programada, quando se prevê que em pouco tempo serão substituídos por outros tecnologicamente mais avançados, a obra de arte perca seu caráter de obra, apresentando-se como trabalho ou obra que se destrói a si mesma, ou ainda *ready made*, isto é, produto sem trabalho artístico. A construção de imagens se converte apenas numa atividade que, por mais que explore as fissuras do mundo para sugerir outros panoramas, deixa entretanto de estruturar, como fizeram Michelangelo ou Matisse, seus próprios universos, que, antes de serem conjuntos de fatos, constituíam visões, modos de ver o mundo. À medida que se perde o fio condutor da construção de imagens, o pintor tende a confundir sua atividade com a de qualquer outro modelador, desde que o seu agir se apresenta como negação do agir social. Enquanto foi criador de imagens, mesmo sendo crítico feroz do mundo em que vivia, mesmo sendo Goya, um expressionista alemão ou o Picasso de *Guernica*, o pintor só podia atuar variando aspectos, ainda que terríveis, de um mundo existente *em transformação*, por conseguinte comprometendo-se com ele. Como prestador de serviços artísticos, somente pode criticar o mundo negando-o abstratamente, construindo edifícios ou máquinas sem sentido, empacotando o que não precisa ser empacotado ou, no seu paroxismo, destruindo a obra no ato de sua apresentação. O artista plástico de hoje é um *fazedor* de idéias, pretende muitas vezes fazer ver o que os cientistas sociais dizem conceitualmente. Nessas condições, o que resta da pintura como construção de imagens?

11. Fazer ver

Um objeto belo é um sistema de imagens que tanto captura 11.1
variações de aspectos de uma coisa, de uma situação do mundo,
como se apresenta para que seus próprios aspectos sejam explorados por um espectador. O juízo estético se tece nesse jogo entre o
lado representativo e o lado apresentativo da imagem, esta se mostrando, pois, como arquivo do trabalho do artista e ainda como
matriz daquelas atividades, mentais ou corporais, a serem desen-
volvidas pelo espectador, convocado a mobilizar seu próprio
aprendizado de ver variações de aspectos. Obviamente este não vê
o quadro com olhos do artista, mas, possuindo ambos experiências em comum, não caminhariam para um acordo? Como se tece
essa confluência? Ao reconhecer um bisão no desenho descober-
to numa caverna, ele pressupõe de imediato que o artista quis
retratar esse animal, pois reconhece na imagem o mesmo animal
com que convive. Além do mais, em se tratando de imagens,
mesmo que não haja garantia de que artista e espectador *pensem*
estar aplicando o mesmo método de projeção, não é por isso que
não o estejam *seguindo* de modo semelhante e congruente.

É de notar que a noção de mimese encobre essa dualidade ao pressupor uma semelhança entre a imagem e o imageado que, mais do que vista no plano da semelhança, há de ser construída e pensada. Oculta, ademais, o lado apresentativo da imagem. Levando em consideração esse jogo, cabe então perguntar como a imagem, remetendo a um imageado, vem a ser apreciada e dita *bela,* uma vez que essa relação de referência tanto é posta para que a imagem seja *de* algo, como é negada a fim de que ela mesma possa ser apresentada como objeto técnico variando de aspecto. Para tentar responder a essa questão é preciso voltar a examinar problemas relativos aos processos de seguir uma regra, focalizando o modo pelo qual se segue o sistema de projeção responsável pela formação da imagem, assim como a reviravolta desse ato para iluminar seu lado projetante. Mas convém advertir desde logo que não pretendo esboçar uma teoria geral da imagem, ou melhor, de seu simbolismo. Se, como tento mostrar, o sentido dela depende de seu uso, não há como pressupor um gênero superior no qual nossos estudos se incrustariam. Cabe evitar o engano, sugerido pelas expressões "arte" ou "belas-artes", que leva a pensar o belo como gênero diferenciando-se em espécies. Parece-me que entre a pintura, a escultura e a música existem apenas semelhanças de família, uma linha descontínua e sinuosa de similitudes engatando-se umas às outras, em vez daquela nota comum característica a alinhavar todos os casos. Desse ponto de vista não há uma essência da arte. Se, de um lado, é possível gesticular para mostrar que se entende um quadro, de outro, é necessário demorar-se nos caminhos desse mesmo quadro assim como naqueles outros que lhe estão próximos; somente assim o entendimento se constrói. Donde a importância de descrever nossa experiência estética a partir de exemplos, desde que se tenha em mente que, sob a capa de uma generalidade, estão operando e germinando muitas atividades, diversas técnicas aprendidas de fabricar imagens e de pensar como elas se elaboram. Dizer que algo é belo equivale a julgar e, por conseguinte, a pôr e a seguir regras. Quando se diz que se faz uma linda jogada? Por certo o belo não reside na estreita adequação do caso à regra, pois uma jogada de sucesso pode ser feia e outra fracassada, bonita. Ele se desvenda antes na maneira de jogar, no modo pelo qual um jogador de futebol, por exemplo, controla a bola e deixa sua marca em seus próprios gestos. O ato, por isso mesmo, vem a ser mais do que efetivar uma regra, porquanto jogar e controlar esse mesmo ato o inscrevem num contexto onde se segue e se vigia o cumprimento da regra, mobilizando o jogo de futebol por inteiro. Visto que um sistema simbólico é formado de várias regras, o exercício bem-sucedido e bem avaliado de uma delas revalida o sistema como um todo, mostra que o jogo faz valer o esforço dispensado para sua realização. A bela jogada cuida, pois, do jogo por dentro dele mesmo. Num jogo competitivo não interessa apenas vencer ou perder, pois se isso fosse verdade, as pessoas não iriam até o estádio, não se irmanariam em torcida, mas simplesmente ficariam em casa assistindo à partida pela televisão. E aqui cabe ter o cuidado, ao isolar a regra do sistema, de não cair na ilusão do platonismo, como se as regras contivessem nelas mesmas o empuxo para sua realização. É precisamente o contrário que acontece, porquanto o seguir efetivamente uma regra irriga a totalidade do sistema e o redesenha por dentro. Mas o que vem a ser esse todo, particularmente quando se aprecia um quadro?

É de notar ainda que a bela jogada ou a bela partida estabelecem uma semelhança com outras efetivas ou possíveis. Este belo passe ou este feio drible tanto se reportam a uma experiência passada, a outros lances já vistos, como apelam para lances a serem inventados, criando assim entre as partes dos vários gestos uma semelhança de família, um modo de juntar e de diferenciar pelo qual um comportamento se objetiva na qualidade de exemplo de um contexto que ele mesmo está criando e sustentando. Se, pois, de um lado, os gestos adquirem estilo, criando novas regras ao longo de seu exercício, de outro, reafirmam a vontade de que esse jogo exista.

Continuemos a imaginar alguém jogando futebol, isto é, coordenando seus movimentos segundo as regras desse jogo, mas conformando estilo próprio a ele ou a seu grupo. Não diferem o futebol brasileiro e o europeu no que respeita ao modo de jogar? Essas peculiaridades diferenciadoras terminam por adicionar novo código às regras gerais desse jogo, formas de gestualidade e modos de ligar esses gestos, ambos importantes para identificar as jogadas e seu ritmo. O estilo do futebol brasileiro adiciona um sobre-código à gramática geral do futebol. Por sua vez o jogador é considerado tanto melhor seja porque faça ou defenda mais gols, seja porque cria estilo próprio, vale dizer, um terceiro código pelo qual o agente se distingue de outros, como se viesse a assinar cada partida.

O mesmo não se observa na escrita de um soneto? Primeiramente as frases seguem as regras da gramática portuguesa, mas são formuladas de tal maneira que os catorze versos em decassílabos se alinhem em dois quartetos e dois tercetos, as sílabas finais de cada verso rimando entre si. Um novo código se sobrepõe assim ao código da linguagem cotidiana. Nessa sobreposição de códigos, uma individualidade, uma obra, vai sendo configurada ao mesmo tempo em que conforma agentes dessa língua, desse gênero literário, dessa forma de poesia, desse ritmo, dessa distribuição de imagens e assim por diante. O processo de dar vida ao todo também é caminho para cernir a individualidade da obra e de seu autor.

Até agora lancei mão das lições de Gilles Gaston Granger,[14] para o qual o estilo se define como particularização da regra universal em direção à individualidade da coisa e do agente. No entanto, no exercício desse processo, cabe ainda considerar que esse agente vai conquistando espaços de liberdade, podendo falar português ou inglês, vir a ser escritor clássico ou romântico, prosador ou poeta, lírico ou épico etc. Códigos mais amplos, mais ricos de opções internas, se combinam com outros mais pobres, mas se nessa descida ao concreto é possível salientar uma linha que vai do universal para o singular, ainda não se deve esquecer que muitas outras linhas também operam sobredeterminando, de modo progressivo, essas formas de controle do seguimento das regras, tramando uma teia na qual indivíduos se situam num todo e se identificam como se fossem camadas de massa folhada a ser partida para exibir sua singularidade.

No entanto, à medida que essas regras se sobredeterminam, não abrem igualmente novos espaços de invenção? Ao escrever seus *Sonetos brancos*, Murilo Mendes quebra a expectativa de que os versos devam ter determinada métrica e assim lhes imprime uma liberdade que, embora se aproximando àquela da prosa, parece muito mais livre na medida em que se coloca fora do lugar esperado. Lembremos ainda que as sonatas costumam ter três, às vezes quatro movimentos, mas, como é sabido, a sonata *Opus* 111, de Beethoven, é composta apenas de dois. "Por que não escreveu o terceiro movimento?", perguntou-lhe certa vez um admirador. "Por não ter tempo", respondeu o músico com desprezo. Mas que se leiam as famosas páginas escritas por Thomas Mann, em *Doutor Fausto*, sobre essa peça para que se perceba o enorme significado dessa ruptura na obra de Beethoven.

14. *Essai d'une philosophie du style* (Paris: Armand Colin, 1968).

Conforme se tecem as individualidades, também se cria o entorno de suas virtualidades, inclusive a possibilidade de individualizar um caso dissimulando a regra posta ou até mesmo pondo em xeque regras e seus modos de apresentação. Um espaço de subversão e corrupção costura-se simultaneamente ao processo de individuação. Ao lado dos jogadores pode estar um juiz ladrão, um clube inescrupuloso, uma diretoria corrupta e assim por diante, tramando todo o universo de vícios que acompanha os jogos de fato. Seguir a regra se compagina, pois, com a subversão do jogo. Se alguém, por exemplo, aprende a falar português e inglês, prepara-se igualmente para fazer de conta que fala javanês, para trocar a poesia pela eloqüência ou vice-versa. Mas a infração dos parâmetros do soneto difere da falta cometida num jogo de futebol: esta não cumpre a regra, aquela a subverte conforme cria. A falta subversiva pode tornar-se produtiva quando revela a articulação das partes de um jogo, quebra as regras de composição do soneto para que estejam presentes na sua ausência, cria, por fim, o mundo-entorno da obra. Do mesmo modo, o desrespeito a uma forma cultivada e consolidada pelo músico pode ainda cristalizar a aventura de seu gênio, mas igualmente pôr em xeque a própria forma. Não convém, contudo, esquecer — pois isso é muito importante — que esses sinais de ir além do sistema simbólico posto residem na própria obra subversiva. Foi Kant quem nos mostrou que uma bela obra de arte nasce de uma capacidade de invenção fora do alcance do comum dos mortais, mas, creio eu, deixa de notar que essa liberdade do gênio só pode ser exercida em terreno já demarcado por regras práticas, por sua vez, já estabelecidas e que conformam materiais tecnicamente trabalhados como os símbolos e as imagens. Estas últimas, em particular, sendo na sua forma mais do que a simples presença da coisa ausente, mostram-se como partes articuladas cujos aspectos são variados para que elas venham a ser imagem de... Noutras palavras, os sinais se convertem em signos, momentos de um jogo de linguagem não-verbal. A dificuldade reside agora em mostrar o funcionamento desse jogo para que o objeto que o abriga seja dito belo.

Nem sempre, contudo, esse procedimento de conquistar II.2 passo a passo uma individualidade logra o mesmo sucesso. Lembremos, como no exemplo já citado da identificação da estrela da manhã com a estrela da tarde, que o percurso para chegar ao indivíduo apóia-se em andaimes de técnicas subjacentes. Nem sempre, todavia, essas técnicas confluem num mesmo aspecto visível. Um rosto que soma a frente e o perfil não conduz o ver para além do rosto? Se a construção de imagens pictóricas deve enfrentar dificuldades desse porte, se combina visível e invisível, cabe lembrar que igualmente sistematiza esse invisível — como uma garrafa de Morandi ou uma foto usada por Andy Warhol desenham os espaços de seus vínculos possíveis. Finalmente, se o ato de variar aspectos se assenta numa técnica aprendida, então o descrever da imagem implica ver e *pensar* tais vínculos e tais pressupostos em referência à bipolaridade do belo e do feio. Esse pensamento entranhado na obra de arte não escapa à dialética do visível e do invisível? Se, além do mais, a apreciação do belo se resolve num tipo muito peculiar de juízo, é de esperar que dependa de técnicas aprendidas, assegurando que as regras formuladas se *mostrem* adequadas ao uso previsto. Uma coisa é formular uma regra, outra é segui-la nos meandros da execução. Nesse processo circular, ou melhor, reflexionante, do processo de julgar, abrem-se duas fissuras pelas quais ele passa a ser datado e localmente determinado: de um lado, o modo pelo qual a regra é formulada e definida; de outro, o modo pelo qual essas técnicas pressupostas foram agenciadas, apreendidas e transformadas em vetores de reformulação da própria regra.

Vejamos, muito superficialmente, um exemplo de cada modo. Leonardo da Vinci, ao tomar como modelo uma natureza imanente, passa a ver suas leis, sua universalidade, porejando em cada caso singular. Esse modo de relacionar o universal com o singular integra-se numa nova visão da natureza, cuja imanência terminaria por colocar em xeque a finitude do mundo sublunar e, desse modo, se associar a uma revolução de idéias que prepara o terreno para a física de Galileu. Em contrapartida, a transcendência de Michelangelo, para quem cada coisa se torna presente no ato de ultrapassar a si mesma, ainda se associa a uma visão gótica do mundo. Essa mesma transcendência não pode, contudo, ser percebida como prenúncio do barroco, que, retomando um tema aristotélico, faz da arte a expressão do possível graças ao trabalho da imaginação, pensada assim como capaz de traduzir esse possível para o real? Essa forma de pensar a lei natural não se associa à corrente da Contra-Reforma, que necessita da transcendência do possível para justificar a salvação pelos atos e assim se opor à tese da salvação pela graça, pilar do novo protestantismo?

Aqui deixo apenas sugestões que deveriam ser trabalhadas e aprofundadas para se tornarem convincentes. Mas já me servem para indicar como minha tentativa de esboçar uma gramática da pintura não se isola, de modo nenhum, de estudos iconográficos ou históricos; apenas trata de apontar na matriz formal de um tipo de juízo estético a brecha permitindo localizá-lo no tempo e no espaço. Se minhas análises são formais, estão muito longe do formalismo, pois acredito que encaminham uma possível investigação histórica da arte livre das peias seja do evolucionismo e do platonismo, seja do vício de deduzir as transformações da arte a partir de transformações de relações sócio-econômicas, como se não tivessem qualquer dinâmica própria, seja da identificação formal do Belo, do Bem e da Verdade. Mais do que exprimir de maneira intuitiva e vital a verdade de um objeto ou de uma situação, penso que este é representado pelo quadro a fim de que a imagem sirva de ponte para que o pintor esburaque o mundo cotidiano com sugestões de outros mundos técnica e subjetivamente marcados. Um quadro é passagem orientada.

Construímos imagens. Mas seria incorreto dizer que uma imagem visual fotografa mecanicamente alguns aspectos da coisa, segundo um determinado método natural de projeção. De um lado, a fotografia é no mínimo perspectiva, de outro, a referência varia conforme o uso da imagem. Lembremos que, até há pouco tempo, os biólogos costumavam ilustrar seus estudos de botânica com esplêndidos desenhos de animais, plantas e flores, mas o faziam para visualizar exemplares da espécie estudada, sublinhar suas notas características e assim por diante. Em resumo, construíam imagens para ilustrar conceitos. Mas quando as enquadramos e dependuramos na parede não mudamos completamente seu uso? Em contrapartida, sabemos que, para Leonardo, a pintura é forma de conhecimento no mesmo nível do pensamento científico. Não se despreze esse ponto de vista, pois é possível nos convencermos da verdade do teorema de Pitágoras observando um desenho adequado. É enganoso imaginar que em geral as demonstrações se desdobram exclusivamente no plano discursivo, pois há momentos em que a prova se revira e recorre à experiência "nua" do signo. A dificuldade é determinar quando isso acontece. Nesse plano é a matemática que se aproxima do modo pelo qual a pintura mostra, em vez de a pintura se debruçar sobre a verdade. Mas se para Leonardo o desenho de uma cabeça interessa porque revela sua anatomia e seu modo de ser, não é essa a experiência que nos importa quando vemos o mesmo desenho numa exposição. A não ser que nos sirva para documentar um momento da história das ciências. Daí a necessidade de retomar a pergunta: como se arma essa diferença entre o uso estético e o uso científico da imagem? Até que ponto a grande arte e a ilustração difeririam apenas no modo diverso de usar a imagem? Ora, só nos últimos tempos é que se considera abstratamente a imagem do ponto de vista exclusivo da bipolaridade do belo e do feio; a grande maioria das peças que hoje se encontram nos museus ou nas coleções particulares foram objetos de culto, de prestígio e assim por diante, misturando a beleza a outras funções. Mas para nós é muito claro que esta estátua da veneranda Nossa Senhora é feia, ao passo que outra é bela. Não é, portanto, urgente retomar o desafio kantiano de examinar o funcionamento do juízo estético universalizante, mas agora num contexto livre da teoria das faculdades da alma, assim como do conceito indefinível de representação? Para nós a tarefa consiste em examinar como circula a imagem, de um lado, despertando admiração e emoções e, de outro, associando indivíduos dotados de formação estética, capazes em geral de separar o belo do feio.

II.3   Examinemos casos concretos de juízo estético. *A vista de Delft*, de Vermeer, é um bom começo. Não está estabelecido se o pintor de fato lançou mão de uma câmara escura para obter algumas imagens da cidade, embora existam várias tomadas que o sugerem. Essa matéria é controversa, mas nos importa apenas mostrar como esses elementos fotográficos se modificam para produzir efeitos estéticos, em contraste com os efeitos produzidos em função do conhecimento. À primeira vista o quadro seria apenas exemplo de imagens feitas com intuitos históricos, militares e outros tantos. Mas logo se percebe que o artista subverte os procedimentos tradicionais desse tipo de representação, o que se torna evidente quando se compara seu quadro a outras paisagens de Delft da época. O catálogo da Mauritshuis de Haia, onde a tela se encontra, traz informações preciosas, mas não posso invocá-las sem as misturar a algumas de minhas recordações. Nota-se desde logo que o céu assim como as nuvens brancas e esverdeadas ocupam mais da metade da parte superior da tela. Se, na verdade, a primeira impressão de uma paisagem holandesa vem da amplitude do céu aberto, a escolha de Vermeer, ampliando ainda mais esse dado, serve para reduzir a cidade a uma faixa estreita, friso separando a atmosfera celeste da aquosa, onde ainda se destacam outras faixas, formadas pelas nuvens verdes e brancas, pelo rio e, finalmente, pela praia. Esse procedimento diminui a quantidade de informações sobre a cidade importantes para outros fins. O que ele visa?

O friso urbano serve, dentre outras coisas, para Vermeer resolver à sua maneira um velho problema que os irmãos Van Eyck tinham colocado para a pintura flamenga: se os objetos não são apenas vistos pela luz que incide sobre eles (como ensinavam o tomismo e a escolástica), mas igualmente pelo ar, pela atmosfera, que tanto os envolve como abraça o próprio espectador, como representar essa congeminação entre objetividade e luz sem perder a presença da coisa individualizada? Não é à toa que, como tudo indica, esses mestres foram os primeiros a desenvolver a pintura a óleo, pois esta, ao contrário da têmpera, técnica até então dominante, permite que o objeto seja apresentado como se fosse uma cebola formada por veladuras sobrepostas. Uma técnica e uma visão do objeto se aliam, desse modo, para ler o mundo de forma particular. Lembremos ainda que

Jan van Eyck por vezes introduz um espelho na cena representada, acrescentando pois outra janela à costumeira janela da tela. Ao resolver a dificuldade de pintar um objeto refletor, ao reproduzir num objeto dependurado na parede novo aspecto do espaço representado, muito diferente de um buraco na parede dando acesso a outra cena, o pintor cruza duas perspectivas representando o mesmo lugar, o que obviamente lhe empresta um tom atmosférico.

Vermeer entrelaça essas duas perspectivas no mesmo objeto, conferindo-lhe diretamente luz própria ou revestindo-o de um retículo de luz. Não estou afirmando que se tenha imposto a tarefa de resolver uma das questões da pintura flamenga, mas é evidente que a resolve praticamente à sua maneira, dialogando com a tradição e rompendo com ela. A *Vista de Delft* situa a cidade entre um céu dual, ao mesmo tempo ameaçador e promissor, e uma praia ensolarada, único lugar de uma rala sociabilidade. A cidade no seu todo se impõe como jogo de massas, de cores e de claro-escuro, como se sobre ela caísse uma rede de pontos luminosos, inclusive alguns podendo ser identificados como pessoas. Antes de ser lugar de convivência, é lugar de processamento de massas coloridas, de planos de luz e de sombra, que se projetam e se transformam nas águas pastosas do rio. Por isso a textura de cada coisa se esvai para fazer emergir uma conivência da matéria com a água, reforçando a impressão de velhice e desfazimento dos edifícios. Para ressaltar ainda mais o contraste do céu luminoso com essas construções, o pintor circunda algumas delas com linhas brancas, como se os perfis respectivos necessitassem de uma tênue zona de passagem para não se inserirem diretamente na paisagem como coisas incrustadas. Aquela fachada amarela entre a porta fortificada e o grande edifício de teto azul não seria o "*petit pan de mur jaune*" tão bem pintado que, se fosse visto sozinho, seria "como preciosa obra de arte chinesa, duma beleza que se bastaria a ela mesma", a que se refere Marcel Proust?[15] Mais do que fotografia-documento, a *Vista de Delft* é representação de objetos que contêm luz própria, dotados de uma beleza auto-suficiente. Mas continuam integrados num todo por um retículo de luz cobrindo a tela por inteiro com veladuras diferentes, concentradas, porém, num friso, cidade entre o céu, o rio e a praia. O conjunto reticular se contrapõe a zonas de sombra tais como a fachada escura das muralhas e as portas fortificadas, contrasta com o brilho dos tetos avermelhados, à esquerda, e com a luminosidade das paredes amareladas, à direita, apresenta, pois, uma cidade de luz nascendo além do barro e da barreira da decadência. Cortando o friso urbano, despontam ainda algumas torres dispostas em discreta simetria, uma delas, porém, a torre da nova igreja, se ilumina como jóia a refletir luz incandescente e, assim, sublinha a grandeza da casa de Orange, construtora da igreja e responsável pelo governo da cidade. Esse discreto enaltecer de uma linhagem nobre não passou despercebido aos contemporâneos, pois a tela logo foi destinada ao gabinete de sua majestade o rei Guilherme I.

A que vêm então todas essas mudanças de aspecto? Ao contrário daquelas operadas em vista do conhecimento, apresentam objetos construídos segundo regras — a proporcionalidade dos espaços, os retículos de luz, a manipulação dos contrastes de luz e sombra etc. — a fim de que *apareçam como se* pertencessem à mesma totalidade, não da cidade, mas de uma imagem que, de um lado, transforma a coisa em luz colorida, de outro, apresenta o poder como sugestão de esclarecimento. Ao contrário do que se poderia esperar de um relato fotográfico, quando

15. *A la Recherche du temps perdu* (Paris: Gallimard/Pléiade, 1956), vol. III, pp. 186-7.

cada elemento se relaciona para dar informações sobre o real, a cidade na sua verdade geográfica e histórica vai se esvaindo, transformando-se em ponto de passagem para apresentar a luz colorida como força viva de cada objeto, em luta contra seus lados sombrios e de envelhecimento. Desse modo, cada fragmento possui beleza que se basta a si mesma, precisamente na medida em que cada coisa afigurada passa a apresentar um aspecto natural potencializado e transformado, admirável no seu exagero. *A vista de Delft* instala relações entre partes que ganham identidade fulgurante, na medida em que essas mesmas relações vibram numa visibilidade que se oculta. Maravilha o barco reticulado por pontos luminosos *como se* fosse construído por vaga-lumes, surpreende a elegante curva de sua borda que se projeta num traço de azul feito de matéria sombria, desfazendo-se para se associar aos torreões da entrada e se distinguir da pacificação oleosa das águas. Vê-se um barco, não se vê uma figura como um barco, percebe-se uma coisa familiar a meu mundo e ao mundo em que o pintor também vivia, mas de tal modo apresentada por técnicas de representação que se transfigura numa coisa nunca vista desse jeito; mais do que um barco como tantos outros que costumavam aportar na cidade, vem a ser o barco de Vermeer. O historiador poderá transformá-lo em objeto de conhecimento, testemunho de uma engenharia desaparecida, mas se foi treinado para distinguir nesse barco aspectos desviantes, que envolvem o objeto numa *aura* de novos sentidos, essa figura pode vir a ser *exemplo* de um objeto do mundo pictórico de um pintor exprimindo e construindo seu próprio mundo. Sob esse aspecto, cada parte do quadro passível de ser flagrada como figura torna-se bela porque encarna em si mesma, registra nas suas entranhas a materialidade de um sistema de *variação* de regras que outras partes ajudam a instaurar. A obra vem a ser então registro sensível de uma lógica de transformações de aspectos, dotada de autonomia que se firma ao esconder sua profunda heteronomia, sua dependência de um sistema de regras posto, mas se revelando momento daquela natureza que o artista constrói como seu mundo, posto mas sempre sendo reposto conforme ele continua a pintar outros quadros, identificados por nós como obra de Vermeer. Daí a indicação precisa de Proust de que cada pedaço de tela constitui fragmento de um mesmo mundo, embora ele não se encerre em si mesmo, pois, precisamente, no momento em que a mancha amarela do muro é dita possuindo beleza autônoma, essa beleza é comparada a uma refinada peça chinesa. Note-se a identidade que se firma ao sugerir seus reflexos em outras identidades, em outros exemplos a serem multiplicados. No momento em que o mundo do pintor se articula, este se abre para outros mundos pictóricos, que se diferenciam e se entrelaçam para formar o mundo da pintura. O que seria de nosso mundo vivido e pensado sem esses mundos que, já construídos, reconstroem-se ainda a cada descoberta?

As mudanças de aspecto preparam pensamentos. *A vista de Delft* exibe a maneira de Vermeer pensar o tijolo, o muro, a torre, o bote, o céu, a água, entrelaçados para apresentarem uma cidade. A obra registra uma visão na medida em que estabelece aquela trama de relações entre formas, cores, materiais para evocar algo além. Da ótica da beleza da tela, pouco importa se Delft existe ou não. Conheço muitas cidades, mas diante do quadro sou levado a perceber uma que nunca vi, ou, naquelas que já vi, aspectos de que nunca me dei conta ou imaginei existir. Um fragmento do quadro, uma torre, por exemplo, retrata a torre existente, mas vale na totalidade dele pela conversão do material empregado, em seguida para que este evidencie a peculiaridade de sua cor, de sua textura, de sua forma, mas igualmente para sugerir o poder da casa de Orange, evidente para os con-

95

temporâneos, mas por nós reconhecido depois de alguma investigação. O quadro como processo de identificação por meio de seus ecos internos se prolonga noutros quadros de Vermeer. Começamos a conhecer seu mundo graças ao primeiro exemplo que nos foi dado a conhecer, e assim começamos a puxar fios que nos ensinam a ver *tipos* de mudanças de aspecto, este aspecto remetendo a outro no mesmo quadro, mas igualmente evocando outros aspectos já conhecidos por nós. Admirar a *Vista de Delft* é preparar o olho para ver *A moça com brinco de pérolas*, exposto igualmente na Mauritshuis, é ainda nos estimular a procurar outros quadros do pintor, dispersos na Europa e na América. Diante dessa paisagem, se a tomo como fonte de informações sobre uma cidade real, devo conferir minha *hipótese* acumulando outros dados, checando imagens e discursos. Sempre convém desconfiar da informação do artista, pois ele trabalha com outra lógica. Como me assegurar de que não tenha alterado até mesmo a disposição dos edifícios? Não é o que fez El Greco ao retratar Toledo? O juízo estético enfrenta desafios específicos: explora a autenticidade do visto para evidenciar a originalidade do tornar-se visível, cada momento presente vindo a ser incentivo para descobrir relações, associações, diferenças no olhar e no visto, o ato de ver se conformando nos meandros daquilo que está sendo visto, este, por sua vez, num corpo cuja identidade é posta em xeque, vale dizer, num corpo místico. É como se, já conhecendo patos, estivéssemos diante do perfil de um pato, mas procurássemos nele lebres, carneiros, rostos escondidos, elementos que assim se integram numa sociabilidade aberta. As identidades cotidianas são, pois, transfiguradas para se darem, no final das contas, como exemplos de um mundo ilustrando modos peculiares de ver, no que todo mundo vê, aquilo que somente eu estou vendo, porque o pintor a todos nós faz ver *assim*, como algo que, na deiscência da perda de sua própria identidade, revela apenas as margens de seu mistério.

Donatello, Davi, 1408-9. Mármore, 192 cm. Museo Nazionale del Bargello, Florença.

Giorgione, A tempestade, c. 1505. Óleo s/ tela, 78 cm x 72 cm. Gallerie dell'Academia, Veneza.

Francisco de Goya y Lucientes, Condessa de Carpio. *Óleo s/ tela, 183 cm x 124 cm. Museu do Louvre, Paris.*

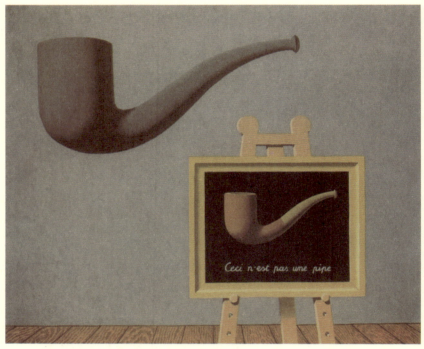

René Magritte, Os dois mistérios, 1966. Óleo s/ tela, 65 cm x 80 cm. Galeria Isy Brachot, Bruxelas/Paris.

Piet Mondrian, Composição em losango com quatro linhas e cinza, *1926*. *Óleo s/ tela*, *80,5 cm x 80,5 cm*. *MoMA, Nova York*.

Giorgio Morandi, Naturezas-mortas, *1948. Desenhos. Coleção particular.*

Pablo Picasso, ensaio para Les Demoiselles d'Avignon, *1906-7. Óleo s/ tela, 31 cm x 24 cm. MoMA, Nova York.*

Rembrandt, O boi esfolado, *1655*. Óleo sobre madeira, 94 cm x 69 cm. Museu do Louvre, Paris.

Ticiano, Amor sacro e amor profano, c. *1515. Óleo s/ tela, 118 cm x 279 cm. Galleria Borghese, Roma.*

Johannes Vermeer,
Vista de Delft,
c. 1660-61.
Óleo s/ tela,
96,5 cm x 115,7 cm.
Mauritshuis, Haia.

Andy Warhol, Díptico de Marilyn Monroe, *1962*. Acrílico e serigrafia s/ tela, 205 cm x 145 cm (cada painel). Tate Gallery, Londres.

Nicolas Poussin, O verão, 1664-65. Óleo s/ tela, 118 cm x 160 cm. Museu do Louvre, Paris.

Sabemos que esse modo de ver depende de um aprendizado. Quem não freqüenta museus carece de esforço suplementar para chegar a enxergar na *Vista de Delft* mais do que um cromo ou uma fotografia colorida. Para ilustrar esse aprendizado, valho-me de minha própria experiência. Lembra-me o espanto ao ver, no MASP, meu primeiro Cézanne. O pintor já me era familiar através de livros e reproduções, e me habituara à majestade de suas composições. Mas o quadro presente me assombrava, antes de tudo porque se apresentava muito mais simples do que eu imaginara. Não poderia suspeitar que, a despeito de Cézanne abandonar a vírgula impressionista, ainda conferia tamanha importância ao toque das pinceladas, e assim, de descoberta em descoberta, eu ia reconhecendo o conhecido no desconhecido, mas de tal forma que esse conhecido vinha a ser apenas memória inscrita no abismo do desconhecido. Aprender a ver um quadro é conquistar uma técnica de ver aspectos numa superfície, esta, por sua vez, transformando-se numa tela em movimento, explorando aspectos da imagem e do imageado, sendo que neste as coisas aparecem perdendo suas identidades naturais. Por isso, de meu ponto de vista, a pintura abstrata apenas radicaliza uma forma de ver um imageado que retrata até o limite a perda da identidade natural das coisas. Cada obra cria um além que concorre com sua própria objetividade, boneca inscrita noutra boneca e assim ao infinito, de sorte que a própria infinidade do viṣível é promessa de vibrar numa presença de absoluta passagem. Não é por isso que a reprodução mais perfeita incita a procurar o original? Não é como se este possuísse segredos que só sua presença seria capaz de revelar?

Aprender a julgar um quadro e aprender a julgar outra II.4 obra plástica qualquer se completam e se enriquecem mutuamente, o que não significa que cada ato não dependa de um esforço específico. Quando jovem, de tanto lidar com reproduções, me considerava familiarizado com estátuas gregas, renascentistas, barrocas, e me acreditava capaz de discorrer horas a fio e com propriedade sobre Michelangelo, Bernini ou Aleijadinho. Mal sabia, contudo, que meu olho ainda não tinha sido formado para a escultura. Foi o que descobri ao visitar Roma pela primeira vez, diante do *Moisés* de Michelangelo. Já vira a *Pietà*, no Vaticano, já examinara outras peças passeando pela cidade e admirando as estátuas gregas do Museu das Termas, das quais até hoje me vem à memória a plena sensualidade feminina da *Niobe*, ainda insensível à ferida sulcada em suas costas. Mas por enquanto a beleza da cidade e o fascínio pelos autores gregos encobriam minha ignorância. *Moisés* era diferente: da estátua, enfiada numa pequena igreja, esperava o espanto da ruptura, não que falasse, mas ao menos que se tornasse presença viva das Tábuas da Lei, enfim da transcendência judaico-cristã no seu momento de criação. Mas decepcionado, não ouvi a voz de *Moisés*, não percebi ninguém querendo explodir o invólucro do mármore e me senti cego e frio como uma pedra. Depois da decepção, da expectativa quebrada, só me restava esperar que o acúmulo de experiências chegasse a um ponto de saturação que terminasse por reestruturar meu olhar. Continuei a visitar Roma e subi para o norte explorando tudo o que encontrasse pelo caminho. Esse ponto de saturação e de inflexão ocorreu dias mais tarde, em Florença, numa visita ao Bargello, na grande sala onde se dispõem peças de Donatello: em vez de rodear cada figura como se fosse molde de uma pessoa ausente — não ignorava que o primeiro desafio de um escultor é construir um espaço —, fui levado a contorná-la como se a fatiasse, de modo que o volume mais do que a massa passava a ser composto por meio do cruzamento de planos. Em particular me chamou a atenção uma peça esculpida pelo jovem Donatello, *Davi* (1408-1409), que me ensinou a ver suas vestes não como roupa, mas conjunto de invólucros arredondados de um corpo que desperta para a dança, celebrando a vitória sobre si mesmo, tendo aos pés uma cabeça cortada vivendo unicamente por seu próprio olhar.

Depois vim a saber que esse processo de construção ecoava a maneira pela qual Brunelleschi esculpira a cúpula da catedral, Santa Maria Del Fiore. Muito mais tarde, até mesmo que tal procedimento estava no cerne da estética renascentista: "Estas vistas não são apenas oito [os pontos de fuga pelos quais uma coisa é percebida], mas ultrapassam quarenta, porquanto, mesmo que a figura não seja girada mais do que uma polegada, algum músculo há de se mostrar excesso ou carência, de tal modo que cada peça de escultura apresenta a maior variedade de aspectos imagináveis. E assim o artista é levado a se afastar da graciosidade já conseguida na primeira visada a fim de harmonizá-la com todas as outras".[16] Em vez de impor uma lógica da visão sobre a coisa vista, descobria que, mesmo quando se move entre planos de visibilidade familiares à pintura, uma estátua amplia essa lógica, explora a diversidade dos ângulos do olhar, criando o entorno em que se apresenta na sua singularidade.

Na pintura e na escultura a primeira presença é aquela da imagem, mas a beleza da estátua somente desponta depois de que a ilusão do molde se afasta, quando se inventa um método projetivo capaz de transladar a presença visada numa coisa presente, não mais afigurada como no quadro, mas que se ausenta mediante uma dialética do visto e do previsto, do cheio e do vazio etc., muito diferente daquela dialética da figura e do

---

16. Benvenuto Cellini, *Sopra l'arte del disegno*, in Herbert Read, *The art of sculpture* (Princeton: Princeton University Press, 1977), p. 63.

fundo, do claro e do escuro, desta forma em relação a outra, dominante na pintura. Embora nesta se teça o tempo do olhar, não há como evitar a plena presença bidimensional do suporte, mesmo quando este se esvazia em tridimensionalidade ilusória. Na escultura essa ambigüidade desaparece. Se uma estátua fosse tomada como molde de um rosto, importaria a beleza da pessoa retratada; ao abandonar esse pressuposto realista, a beleza da estátua também brota do jogo específico de esconder o modelo. É verdade que a estátua-imagem compartilha com a coisa, digamos assim, a mesma mutiplicidade espacial, os perfis de uma e de outra parecem ser vistos segundo a mesma lógica, como se ambas ocupassem o mesmo espaço a ser percorrido segundo o arbítrio do vedor. Por isso o movimento virtual da estátua se dá no mesmo lugar da coisa — lugar no sentido aristotélico da palavra —, enquanto o movimento virtual da figura desenhada nunca escapa à bidimensionalidade do suporte, mesmo quando o nu em movimento é representado numa sucessão de perfis.

Possuo um molde em gesso da cabeça do *Cavaleiro Rampin* (século VI d. C.), exposta no Louvre, cujo torso original está no Museu Nacional de Atenas. Em cada museu se vê apenas uma parte da estátua, no Louvre o mármore da cabeça contrasta com o gesso do torso; em Atenas se dá o contrário. Impressiona como no primeiro caso o rosto exibe uma vivacidade transparente, de que os gregos não tinham idéia já que o original era colorido; aliás, ele ainda conserva na barba tons avermelhados. Em casa só posso me contentar com o gesso, mas não é por isso que a peça se resigna a ser bibelô enfeitando a sala, pois cria seu próprio espaço ou entorno, inflando-se como bola de ar adverso, como aquelas com as quais nos revestimos ao nos meter num ambiente estranho. A representação do efebo, com o sorriso ático característico, olhos saltando do desenho das órbitas, a massa da face emoldurada pela trama ornada pelos cabelos, pelos cordões de barba enrolada caindo paralelamente, desenha os primeiros passos de uma longa jornada a explorar uma coisa que está ali unicamente para mostrar *como* suas partes se integram num todo abertamente espacializado, mas se modelando de tal maneira que cada uma se torna bela no contexto de outras e cujas *identidades ainda não estão definidas*. Não giro em torno do gesso e de uma pessoa do mesmo modo, pois cada atividade demarca seus próprios pontos de paragem e seus relacionamentos recíprocos.

Por certo já não é homogêneo o espaço de uma coisa-à-mão; meu computador não se apresenta como cubo cujas faces me são indiferentes, pois, de frente, ele me convida ao trabalho, por trás, me promete alguma dificuldade. Os espaços da pessoa e da estátua não são ainda mais complexos e pontuados por ritmos diferentes? Ver alguém de frente significa estar pronto para receber de volta seu olhar — receptivo, hostil ou indiferente —, é promessa de intercâmbio ou de conflito; de perfil, desenha uma ausência, como se ela mesma se deixasse estar ali, confiando na sua indiferença e na capacidade de regular as mudanças de aspecto pelas quais é vista; por fim, de costas, não está ausente ou dá impressão de alienação a que posso responder conforme meu arbítrio? Em contrapartida, diante da estátua, o espaço em volta é escandido fora do complexo da sociabilidade; toda estátua é solitária mesmo quando se compõe de várias figuras. Ao se mover em torno do busto o olhar dissolve os três principais ângulos pelos quais costumamos ver pessoas. É como se ele por inteiro, não o rosto, viesse a ser o retrato da alma, impondo-se como presença realçando outras rupturas e outras continuidades do processo de alterar aspectos. Diante de minha peça grega, se me ponho de frente, meu olhar pula do nariz quebrado para os olhos, destes para a boca e assim por diante, num livre jogo a constituir a figura frontal evidenciando a curva que vai dos cabelos ao pescoço, marcando o objeto por uma simetria ondulante, em oposição à figura de perfil que, a despeito da lacuna formada pelo nariz quebrado, salienta a linha do sorriso ático, desenho codificado, mas de tal forma modelado e inserido no contexto, que se torna capaz de exibir toda a ternura e entusiasmo pela juventude que uma civilização soube cultivar. Esse, porém, é apenas o começo de um longo mergulho explorando a estátua, cuja beleza sempre me surpreende, como se a percebesse pela primeira vez ao reafirmar sua condição de se fazendo. No entanto, por mais que me sinta livre na pesquisa desses aspectos, aos poucos meu olhar vai se amoldando a um percurso que *me convence* estar estruturando a própria obra de arte, a esconder seu caráter de imagem para revelar os caminhos residuais de uma atividade moldadora e exploratória que um escultor, para mim inteiramente desconhecido, deixou inscrita num pedaço de mármore. Nele então *devo* ver o rosto, a barba e assim por diante, em seqüências de aspectos que me ensinam a ver, entre outras coisas, o mármore no gesso.

No *Tratado da pintura* de Leonardo da Vinci encontro sugestões preciosas para analisar esses juízos. Ele defende, tomando partido diante de uma polêmica clássica, a superioridade da pintura sobre a escultura. A primeira não possui o estatuto de ciência? Não apenas mostra como a coisa é, mas o faz segundo um método projetivo geral. O engenho do pintor se assemelha ao do espelho que se transmuda em todas as cores do objeto refletido (§53), mas essa transferência se faz segundo um método que, embora partindo do ponto, da linha, da superfície e do corpo, ao contrário da ciência da geometria, reduz esses elementos a seus aspectos visíveis. Como a pintura transforma a relação especular de uma superfície em outra? A projeção se faz *integralmente*, pois de cada ponto da superfície da imagem cria-se um ângulo, o ângulo do olhar, que abrange toda a superfície do imageado. A variação dos pontos na imagem assegura, assim, a completude da referência (§42). Ora, argumenta Leonardo, a despeito de o pintor e o escultor formarem as imagens de seres vivos demarcando todos os seus atos possíveis, este realiza essa potencialidade à custa de um esforço corporal, enquanto aquele o faz por meio de um esforço exclusivamente mental, por conseguinte mais próximo do pensamento científico. E a mente não é o lugar dos juízos teóricos, enquanto o esforço corporal é mecânico e técnico? Vale a pena notar que Leonardo, retomando o tradicional preconceito contra o esforço físico, passa a indicar as vicissitudes desse juízo técnico. De cada figura no espaço tridimensional o escultor precisa fazer vários perfis, pois só assim a figura será graciosa em todos os seus aspectos. Mas esses contornos serão feitos levando em consideração as partes que se rebaixam e aquelas que se elevam, de tal modo que, ao escavar para rebaixar e preservar ou adicionar para elevar, imporá limites entre o ar e essas partes. Desse modo, se o pintor colige aspectos graças a uma operação mental podendo vir a ser ciência, o escultor se vê obrigado a trabalhar corporalmente, ele mesmo se movendo e se cansando para impor na coisa perfis deformados que o espectador, na sua avaliação, é obrigado a reproduzir. E Leonardo conclui: "O escultor só há de considerar corpo, figura, lugar, movimento e repouso, sem se preocupar com as trevas ou as luzes, uma vez que a natureza por si mesma as engendra nas suas esculturas. Não cuida nada da cor, cuida medianamente da distância e da proximidade e, desse modo, adota tão-só a perspectiva linear, mas não aquela [perspectiva] das cores, a qual, segundo as diversas distâncias do olho, faz variar as próprias cores assim como o conhecimento de seus limites e figuras. Desse modo, há menos discurso na escultura, em conseqüência, ela demanda menor fadiga do engenho do que a pintura"(§35). A pintura supera a escultura na medida em que lida com mais dimensões discursivas e judicativas. Obviamente perderia esse privilégio se, embora conservando o princípio de Leonardo, que faz da pintura conhecimento, tomássemos ambas as artes no ato de articular pensamentos, jogos de linguagem não-verbais, por certo diferenciados segundo lógicas próprias de variação de aspectos, mas sempre fazendo com que, "mecanicamente", sinais se transformem em signos marcados pela bivalência do adequado e do inadequado. A desigualdade dos efeitos "mecânicos" entre a escultura e a pintura pode servir de estímulo para o artista criar no espaço mais restrito maior número de variações de aspectos. E Michelangelo não teria sido derrotado por Leonardo.

Em resumo, a partir do momento em que se percebe que a estátua, em vez de ser uma imagem qualquer, algo posto no lugar de algo graças a um procedimento natural pelo qual as partes da coisa e as partes da figura tecem uma relação biunívoca, vem a ser imagem presente a ostentar antes de tudo sua própria espacialidade, diferente da espacialidade natural do representado, descortina-se o caminho do aprendizado do julgamento de uma obra plástica. Na construção dessa imagem cabe desde logo notar que o método de projeção que liga imagem a imageado foi *escolhido*, embora sirva apenas de base para aquelas transformações a que o artista se entrega. Escolha que se oculta na escultura e se ostenta na pintura. É sintomático que as estátuas religiosas, além de serem belas para nós, também sejam para alguns os próprios santos e os próprios deuses. Por que isso acontece com mais freqüência do que com as imagens pintadas? Não seria porque, retomando uma consideração de Hegel, tecemos com uma estátua uma relação subjetiva diferente daquela tecida com um quadro? Os juízos congelados na estátua transmitem a ela uma subjetividade própria emaranhada no peso material de suas formas e, de certo modo, escapando das expectativas do espectador. Na pintura, essa subjetividade desabrocha, e então tudo se passa como se o vedor e o visto pudessem se procurar. É por isso que, para Hegel, a pintura é mais adequada para exprimir o lado subjetivo do espírito. Embora não adote a maravilhosa interpretação que Hegel faz da arte, sou obrigado a me render a essa fina observação. Uma estátua não nos vê com a mesma intensidade e com as mesmas dimensões de um retrato. Não é porque a imagem escultórica petrifica o olhar lançado sobre nós, enquanto a imagem pictórica não deixa de nos espreitar? A primeira, residindo na pedra, só pode olhar numa única direção, enquanto a segunda enxerga o espectador, pois vem a ser imagem de alguém capaz de olhar para qualquer direção e de qualquer ângulo. O busto e o retrato apresentam uma imagem construída por um artista que neles deixa seu modo de ver pessoas, por conseguinte o modo pelo qual, na sua época, indivíduos constroem as imagens de si mesmos. Ao longo da história, essas imagens vão sendo percebidas por indivíduos que se aprendem, corporal e mentalmente, como si-mesmos. Uma das maneiras da arte contemporânea pensar a morte do sujeito não é apresentar cabeças sem rosto, meras formas arredondadas, incapazes de nos ver? Mas essa morte é pensada segundo graus e modos muito diferentes, em particular conforme o intervalo de liberdade que o artista deixa ao olhar. Diante de uma figura ambígua, é de minha vontade ver isso ou aquilo; diante de uma obra de arte quero vê-la segundo as indicações de seu criador e, no caso da escultura, em primeiro lugar, segundo os momentos já escandidos por ele no espaço em torno. Até mesmo quando coloca em xeque esse escandir. Uma cabeça esculpida por Brancusi, por exemplo, nos faz ver um objeto sem faces privilegiadas, um ângulo flui para o outro, como se o olho de bronze nada mais fosse do que o reflexo de meu olho no metal, apenas os lábios dividindo a superfície lisa. Cada vez que a encaro, o olhar escorrega para as margens, pois agora, em vez da construção do objeto por planos cruzados, existe apenas a curvatura de um aspecto que varia por si só. Em contraparte, no caso de Giacometti, os perfis não são engolidos por dentro, por uma linha estruturante?

II.5   O pintor faz ver transformando uma tradição, aprendendo para alterar o aprendido. Como isso se dá? Tomemos, como exemplo, as relações que o jovem Ticiano mantém com seu mestre Giorgione. Este, como se sabe, é responsável por uma verdadeira revolução na pintura veneziana porque, entre outras coisas, trata suas famosas cores quentes e o brilho de suas luzes aquáticas segundo os códigos da pintura renascentista tardia. Faz eco assim ao grande debate levantado na época por Leonardo e Michelangelo. Em termos muito gerais, para o primeiro, como já lembramos, a história se dissolve na presença da natureza, configurada assim como objeto primordial da pintura; para o segundo, ao contrário, a natureza é apenas passagem do conceito, expressado diretamente pelo desenho, donde a procura trágica de uma transcendência. Giorgione sintetiza, pretende encontrar a natureza na história, combinando assim presença enigmática e transcendência. Para isso, explicitamente obscurece na imagem o caminho direto para o imageado a fim de explorar as pequenas nuanças de significação plástica que este deposita no suporte.

    Essa nova pintura, hoje conhecida como tonal, visa converter a natureza e o tema, isto é, a história, em sentimentos. Para isso recusa a forma plástica como se ela já fosse dada, recriando-a para explorar nela o espaço aberto pela variação da luz convertendo-se em cor e vice-versa, variação que se torna assim responsável pelo repartir e pelo alinhavar de novos elementos num espaço musical. As determinações deixam de ser qualidade das coisas para virem a ser música de tons, de sorte que o desenho e o traço — marcadores de coisas num espaço imaginado — tendem a ser sobrepujados pela variação de formas, que estendem no espaço a vibração luminosa suscitada por tons contíguos. O tema referido é assim mera sugestão poética para desdobrar emoções crescendo e transbordando até a natureza a fim de a iluminar por dentro.[17] Todos os pintores da época tratam de colocar as figuras na pirâmide da perspectiva. Mas se Leonardo as dissolve numa atmosfera de cores tênues (não convém esquecer, contudo, que seus verdes tendem para o marrom porque se oxidaram), se Michelangelo as faz crescer para aumentar suas respectivas potências, Giorgione as cola na paisagem como se fossem elementos isolados, cada um possuindo tensão própria e se dispondo no todo como se estivesse regido por lógica própria. É o que se constata, muito nitidamente, no quadro *A tempestade*, exposto na Academia de Veneza. Esse monumento da pintura ocidental apresenta, em primeiro plano, uma mulher que amamenta uma criança e, no lado oposto, um pastor (ou um soldado?), cada elemento voltando-se para si mesmo como se fosse o próprio cenário. Essa autocontinência de cada figura obscurece sua dimensão referencial, denotativa. Não é sintomático que até hoje se discuta sobre qual seria o tema do quadro? Lionello Venturi comenta: "a ausência de qualquer relação normal entre as figuras aparece intensificada; ao abandonar suas funções puramente humanas, tornam-se partícipes de uma poesia da natu-

---

17. Para mais detalhes, vejam-se os artigos de Argan, "Giorgione" e "Amor sacro e amor profano", in *Clássico e anticlássico* (São Paulo: Companhia das Letras, 1999).

reza que tudo invade. Assim a mulher com a criança, o soldado, as árvores e as casas se transformaram em símbolos líricos, iluminados pela irradiação difusa do céu, as luzes da carne tingida, a ameaça azul-esverdeada da tempestade. O verdadeiro tema dessa obra, como foi dito adequadamente, é a natureza".[18] Trinta anos depois Argan retoma *mutatis mutandis* o mesmo argumento: "O instante é o relâmpago que precede o temporal e, embora o *tema* seja bíblico ou filosófico [...], o *motivo* é o da natureza que espera o 'batismo' da tempestade".[19]

Se essa duplicação da referência em tema e motivo permite a Argan sublinhar o jogo de linguagem formado pela individuação dos tons na imagem e a maneira pela qual se relacionam, não é por isso que rejeita a interpretação de Venturi. Apenas a refina e pretende levá-la adiante, acentuando a inserção da obra no seu contexto histórico. Está interessado em desvendar a visão do mundo esboçada numa obra e, particularmente, a contribuição de Giorgione no modo de exprimir as peculiaridades históricas de Veneza. A cidade, lembra ele, não vive as vicissitudes da liberdade política, como Florença, nem trata de transformar a história em exaltação da autoridade, como a Roma papal; mas cuida sobretudo de expandir seu comércio e mergulhar no presente. Por isso, depois de Bellini ter fundido no mito a tensão entre natureza e história e Carpaccio ter transladado a história para a lenda, Giorgione, ao querer chegar à natureza pela cultura, mostra como essa cultura se aprofunda conforme se torna mais intenso e fragrante o sentido da vida.[20] Em contrapartida, Venturi, embora reconhecendo a arte de Giorgione como uma das

18. L. Venturi, *Italian painting* (Genebra: Skira, 1952), vol. II: *The Renaissance*, p. 106.
19. Argan, *História da arte italiana* (São Paulo: Cosac Naify, 2003), p.114.
20. Idem, p. 108.

108

expressões mais altas da cultura refinada e sensual de Veneza, está interessado em mostrar que esse isolamento das figuras as conduz para a simbologia e para o lirismo.

Seria curioso prolongar esse diálogo crítico, juntando-lhe a cada passo novos elementos e novas perspectivas. Lembraríamos, então, que essa organicidade plástica divergente no quadro, composto de elementos voltados para si mesmos, poderia ainda servir de testemunha da crise do Renascimento, caracterizada por Alexandre Koyré como perda de uma ontologia abrangente e unitária. As interpretações de uma obra de arte não estimulam o excesso? E continuaríamos nossa lição recordando que, quando o ser vem a ser pensado mediante categorias centrífugas, sem qualquer espelhamento de fundo, é natural que tudo possa ser pensado como possível, inclusive pensar uma paisagem como colagem. Nada nos impede de continuar apresentando outras interpretações *semelhantes*, multiplicando-as para captar nuanças de variação de ver o próprio quadro, cada uma pretendendo responder melhor às sugestões inscritas na própria obra ou ainda às intenções do artista, ao determinismo de um modo de produção ou à crise do Ocidente e assim por diante. Um quadro leva a pensar, a evocar certas estruturas abertas que se ligam a outros discursos mais ou menos adequados, outros inadequados, outros ainda beirando a caricatura. Mas essa centrifugação necessária à sua vida como objeto espiritual não ameaça se tornar discurso vazio? O único remédio contra esse tipo de divagação é voltar repetidamente para o exame das obras que o estimulam, embora saibamos que elas não vivam sem ele.

Nem esta nem outras reflexões pretendem explicar por inteiro a beleza das obras, mas servem, ao menos, para restringir o alcance da interpretação exclusivamente historicista. Não basta descobrir a raiz histórico-social da obra, ainda é preciso *mostrar* como um exemplar é mais do que exemplo de uma estrutura econômico-social, testemunho de uma situação espacial e temporalmente determinada, vindo a ser ele mesmo algo em crise, modo pelo qual um autor ou uma época pensam o belo. Uma obra de arte é tanto coisa como norma, mais do que sintoma é amostra de como se pode ir além dos fatos, na medida em que o jogo de suas partes e partes de outras obras articula uma identidade explosiva, perdendo seus parâmetros naturais conforme alinhava seus elementos num jogo de linguagem não-verbal. Esse quadro de Giorgione é mais do que a crise de uma época ou crise de si mesmo. Embora constitua uma identidade imprecisa que se nega, não deixa de ser identificado, por qualquer pessoa familiarizada com a pintura, como *obra de Giorgione,* diferente do trabalho de Bellini ou de um artesão. Como toda obra de arte, estimula interpretações que em geral mais valem pelas semelhanças entre elas, mais por seus ecos do que pelo perfilar dos estilos, das regras afunilando uma singularidade posta. Cada eco interpretativo é empuxo para outro, sugestão de outras evidências e, por isso mesmo, situando-se no circuito de suas indefinições, trabalho daquele terreno marginal, daquela aura, que circunda cada obra singular, sempre revolvida pelo arado do pensamento que se faz coisa na sua qualidade de norma do ver. Mesmo quando descrevemos a deiscência de um quadro, não há como evitar apoios de relativa permanência. Aliás, esse é o modo mais comum segundo o qual *pensamos,* tentando juntar elementos em dispersão, mesmo não sendo palavras, a fim de que suas junções possam se dar, nos planos mais diversos, como aplicações adequadas ou inadequadas de regras. Não há repetição sem um depósito do repetível. Mas, ao contrário de uma teoria científica à procura de um modelo do real, que chega, se chegar, a fazer parte de uma *visão de mundo,* o logos emergente que é um quadro associado às interpretações por ele estimuladas, mesmo quando trata de representar uma situação real, de remeter a um estado de coisa representada, articula a seu modo atos de ver e *por meio deles* sugere expressões e cria sentimentos. O objeto se volta assim sobre si mesmo, vem a ser também sujeito fazendo ver e mostrando o tecido criado e objetivado por um *autor* que deixa no mundo a trama de uma protolinguagem, a fim de que possa criar para descobrir, explorar e *mostrar* emoções, assim como fazer explicitar e se explicitar pelo que faz. Desse modo, passa a dialogar com autores do passado, com espectadores presentes e talvez futuros. Nenhuma interpretação de um quadro de Giorgione o subsume a um modelo conceitual, nenhuma é verdadeira dizendo o que ele é e o que não é, mas todas, em sinfonia, valem quando nos levam a vê-lo, primeiramente, nele mesmo, depois, no contexto de outras obras, por fim na paisagem de outras idéias e assim por diante, sem tecer um único fio vermelho a alinhavar esses pensamentos numa *visão* de mundo. Mas em contraparte é como se polisse algumas lentes pelas quais aprendemos adequadamente a *ver o que os outros viram ou deixaram de ver, inclusive os outros e a si mesmos,* desse modo, aprendendo a espreitar o que somos além de nossas facticidades, desenhando, por conseguinte, os nervos expostos de situações do mundo para que estremeçam, vibrem e se abram em brechas nas quais nos perdermos ou nos descobrimos como cidadãos de um mundo mais rico, o mundo do espírito.

Voltemos, porém, a Giorgione e a Ticiano. Em geral o jogo não-verbal de um pintor se transforma noutro mediante pequenas mutações, mas entre eles tanto se apresentam semelhanças sugestivas, como fissuras mostrando suas zonas cinzentas, seus sentidos retorcidos. Não é graças a essas atividades do pensar, sobretudo do pensar sem palavras, que o quadro vai se depositando como estímulo do pensar, como logos emergente? *Mutatis mutandis,* é do mesmo modo que um pintor dialoga com outro. Examinemos como Ticiano se relaciona com Giorgione para criar seu próprio modo de pintar enviesando o ponto de partida para criar seu "discurso" não-verbal. Sabe-se que colaborou com Giorgione a partir de 1508, na decoração do *Fondaco dei Tedeschi*, mas infelizmente essa obra foi destruída e não serve a nossos propósitos. Por cautela, em vez de nos lançarmos em comparações aventurosas convém recorrer aos textos de um crítico respeitável como Venturi: "Muitas das composições não-religiosas de Ticiano têm pontos em comum com aquelas de Giorgione: por exemplo, figuras nuas que parecem derreter-se na paisagem, a natureza tratada como força criativa, vislumbres de cor e — o mais notável — inserção de 'motivos' que não estão relacionados com o tema principal e, por certo, sem justificação lógica para sua presença". E conclui: "À primeira vista, parece que não haveria uma diferença entre as qualidades pictóricas e concepções de Ticiano nessa primeira fase e aquelas de Giorgione. No entanto, já se pode detectar nas obras do primeiro maior simplificação dos detalhes e uma sensibilidade mais viva para o operar das passagens e os contrastes tonais — resultado da habilidade artesanal superior a Giorgione, mas à qual falta seu charme poético".[21] Em resumo, sendo isso que importa para nossos propósitos, em comparação com Giorgione, Ticiano simplifica os detalhes, diminui o isolamento de cada figura e dá ênfase aos contrastes tonais e assim por diante. Essa diferenciação se torna nítida na belíssima tela do jovem Ticiano, *Amor sacro e amor profano*, exposta na Galeria Borghese. Não se sabe quem são as duas mulheres, nem mesmo se o amor é o tema, porquanto esse nome lhe foi dado no século XVII. Isso pouco importa, pois a tela nos mostra desde logo duas mulheres, uma nua, outra vestida, cercando um sarcófago anti-

---

21. Venturi, *Italian painting*, ed. cit., vol. II, p. 114.

go transformado em fonte, mas de tal modo que o contraste entre a nudez crua e o rebuscado da roupa já aponta para uma lógica da diferença mais direta do que aquela de Giorgione. Não é isso que anula o voltar sobre si mesmo de cada figura pintada pelo mestre? Este seria um dentre vários exemplos, mas nessa comparação entre eles seria importante notar como os enunciados comparativos perdem suas referências usuais para, de certo modo, invocar semelhanças e diferenças de tudo o que está sendo visto no quadro. Os românticos alemães diziam que funde o universal no singular. Como explicar a identidade dessas diferenças sem cair numa dialética do Absoluto ou, correndo maior risco, numa dialética negativa? Tudo leva a crer que o quadro se encontra na encruzilhada de dois modos de perceber e de pensar. Primeiramente, ele se dá como objeto voltado sobre si mesmo — cuja singularidade contudo não consiste no infinito escorrer de um perfil no outro como se estivesse em busca de sua determinação completa; pelo contrário, cada aspecto se retira desse movimento peculiar à visão, para buscar outras ressonâncias, outras diferenças que se demarquem por certos intervalos. Ora, nesse jogo, em contrapartida, o quadro se dá como se saísse dele mesmo à procura de novas afinidades ocultas noutras obras, de início, respirando a mesma atmosfera de uma fase, de um estilo próprio, para, depois, integrar uma espécie de museu imaginário. Mesmo quando nos encontramos diante de um único trabalho de um pintor anônimo, recorremos a outros parecidos, a uma semelhança que em geral alinhava obras de mesma linhagem. Jamais captaríamos um código pictórico se nos limitássemos a tentar a aprendê-lo em si mesmo, pois carregamos como bagagem o que já aprendemos no trato com a pintura; mas igualmente não aprenderíamos a beleza de um quadro realizado segundo esse código se não capturássemos as diferenças a partir das quais ele se firma como presença ausente, como algo feito por alguém na ânsia de representar e de se exprimir. A dificuldade não é cair no misticismo e pensar essa diferença como se apenas fosse aspiração de uma ausência, isto é, como aura, quando no fundo é movimento de articulação que afigura sem deixar-se afigurar como imagem posta? Mas que não se tirem daí conclusões apressadas: se, de um lado, a obra é cruzamento de modos de ver e de fazer ver, não é por isso que perde sua individualidade incontornável. Esta tão-só não se situa no nível da percepção embora se apresentando como proposta de pensamento congelada. Uma pedra polida congela traços de uma civilização, uma estátua, porém, além de cumprir essa função, somente é dita bela se fizer explodir o olhar à medida que o molda. Uma estrela não perde o fulgor de sua individualidade quando passa a ser tomada como fonte de raios que coabitam entre si?

Convém explorar ainda mais essa sintonia do discurso crítico com o que o quadro está fazendo ver. Estamos sublinhando que, de certo modo, um processo muito peculiar de variação ecoa nos enunciados sobre ele, particularmente porque estes reafirmam maneiras de variar e de transpassar as identidades focadas, abrindo-as para fora delas mesmas a fim de segurar algo diferente embora próximo. É como se a identidade do significado pescasse seu entorno, mas com linha curta, de sorte que somente se identificaria diferenciando-se de um outro conforme este sugerisse sua própria articulação. Sem essa procura equivalente das mudanças de aspecto da própria imagem, o quadro valeria apenas como se fosse um nome próprio composto. Tais procedimentos não são ignorados pela linguagem cotidiana. Quando dizemos "boca-de-leão", "couve-flor", "bancarrota", referimo-nos a uma flor, a um legume, a uma situação social, mas de tal modo que os dois primeiros objetos apenas preservam vagos traços das referências originais, enquanto o terceiro nada diz para quem não sabe que, no início do sistema bancário, os móveis eram literalmente quebrados quando falia o banqueiro, normalmente operando por trás de uma banca. Ora, esse trabalho de variar as palavras atentando para como se reportam obliquamente ao real, o que lhes dá uma sonoridade muito especial, adensa-se, por exemplo, na poesia, principalmente na lírica. Lembremos uma redondilha de Luís de Camões. Ela começa por um mote dado ao poeta, desenhando quase uma aura, uma situação e uma ausência:

> Menina de olhos verdes,
> Por que não me vedes?

Camões retruca refratando a descrição e explorando um dos sentidos ligados a verde, a esperança, que por sua vez é promessa poucas vezes cumprida; e nesse enviesamento as palavras se juntam e se diferenciam pela rima:

> Eles verdes são.
> E têm por usança
> Na cor esperança
> E nas obras não.

Não é assim que o pintor igualmente dialoga com seus mestres? Participando do mundo das artes, espectadores e pintores praticam o mesmo jogo de quebrar o espelho referencial dos discursos cotidianos, de forma a armar maneiras de se exprimir que jogam com o que exprime, o modo de exprimir se entrelaçando com os meios desse exprimir. É como se os vetores semânticos e sintáticos dos discursos normais fossem reprimidos para que se abram novas possibilidades de expressão, mais sutis do que o mostrar, aproximando-se do sentir que mente para si mesmo, do fazer de conta que sente para aprender a sentir. O aprendizado da pintura percorre caminhos semelhantes procurando imprimir no ver e no fazer ver as tribulações de um pintor que tenta pintar à sua maneira e, assim procedendo, grava na sua obra a busca de identidade, a trajetória de um ego que se identifica como autor de seu próprio mundo e como ensinamento para que outros façam o *mesmo* ainda que sem pintar. Não nos esqueçamos, porém, de uma enorme diferença: os espectadores olham e discutem como se estivessem sendo olhados por essas *coisas* que perdem suas respectivas identidades de coisas para ampliar os horizontes do mundo, sem contudo perderem o traço essencial de testemunharem trabalhos humanos depositados nelas.

II.6   Para reforçar essas teses vale a pena examinar outro exemplo. Admiremos a série das *Quatro estações*, hoje um dos pontos mais altos do Museu do Louvre. Foi pintada por Nicolas Poussin, de 1660 a 1664, já no fim de sua vida, e, sob muitos aspectos, cristaliza o rumo de toda a sua obra, fiel àquele classicismo mais interessado em evocar a atmosfera greco-romana, sua poética, do que em se ater à narração de um episódio antigo. Poussin associa uma cena bíblica a cada estação do ano: a primavera se mostra no episódio de Eva apontando para Adão a árvore da vida; o verão, na história de Rute e Booz; o outono, no transporte do gigantesco cacho de uva prometido a Moisés; e, por fim, o inverno, no dilúvio. Desse modo, Poussin tanto demarca os pontos de inflexão no tempo circular do ano, como os entrelaça a episódios religiosos ligados à queda e à salvação. Os seres humanos foram expulsos do Paraíso porque comeram o fruto do conhecimento do bem e do mal; como castigo a uma desobediência e precaução para que não venham a comer o fruto da árvore da vida eterna, são expulsos do Paraíso. Cabe a eles então cumprir sua sina com firmeza e devoção, pois somente assim voltarão a merecer a vida eterna. Rute resgatará o pecado de Eva insinuando-se na bondade de Booz e preparando o advento de Davi e de Jesus, que tirará os pecados do mundo. Por sua vez, Booz transformará em virtude a maldição do trabalho, cujo fruto, porém, será tão fértil como a uva prometida a Moisés. E que o dilúvio seja o destino dos pecadores renitentes e invernais. De certo modo, Poussin retoma pelo avesso o projeto de Giorgione de espiritualizar a natureza, pois, em vez de retirar cada figura de seu contexto natural para que este encontre sua própria respiração, integra pequenas figuras narrativas na paisagem e, dessa maneira, realça o poder nutritivo ou destrutivo da própria natureza transformada num cosmo moral. É conhecido seu compromisso com o estoicismo e a Contra-Reforma, com o esforço de reforçar o elo entre o cristianismo e a corte de Roma. Poder natural e poder espiritual passam a dançar no mesmo ritmo.

Tudo isso nos foge quando começamos a examinar essa tela. Quantos de nós mergulhamos no *Verão* sem saber que, ao descrever uma colheita, também narra a história de uma jovem viúva moabita, fiel à sogra Noemi, a ponto de segui-la quando esta, depois de perder seus filhos, retorna às terras de Belém, de novo férteis graças à bondade de Jeová? Como haveríamos de saber que explora duas formas de fidelidade, uma à família, outra ao Deus de Israel? Um contemporâneo de Poussin provavelmente estaria mais qualificado a fazer tais ilações, e sabemos, além do mais, que o episódio de Rute não era insólito; encontramos na Gemäldegalerie de Berlim uma tela pintada entre 1625 e 1636 do holandês Nicolaes Mocyart sobre o mesmo tema. É de notar que ambas mostram Rute ajoelhando-se diante de Booz para agradecer a permissão de recolher as espigas que os segadores deixavam cair ao longo do caminho. O mesmo episódio na mesma paisagem. Mas se a configuração dos personagens é muito semelhante, os quadros seguem lógicas diferentes. O de Poussin nos faz ver um palco ocupado, em primeiro plano, por Booz e Rute, alinhados, porém, à figura giorgionesca de um soldado (ou de um pastor?), que com sua lança dá vida a um borrão de terra pastosa, mas que nada diz sobre o tema principal. Em segundo plano vêm as pequenas figuras dos camponeses flagrados em diversos momentos de colher as espigas até prepararem o pão. No fundo, colinas e cidades apenas sugeridas. Logo nos estranha, no canto esquerdo do quadro, a mancha vermelha que, à primeira vista, parece destoar dos tons neutralizados da paisagem, toda ela imersa naquela luminosidade interna que Poussin e Claude Lorrain buscavam juntos enquanto habitavam Roma. Mas essa mancha nos dá uma das chaves do quadro: ela marca o grau máximo de uma cor que avermelha as sombras das roupas e a tessitura das peles, de sorte que cada pasta colorida, em vez de modelar um volume, se relaciona a outra numa seqüência declinante. E o mesmo acontece com outras cores. O azul forte de um vestido se repete, amaciado, em outros objetos e assim por diante, de sorte que todo o quadro surge então como procedimentos de gerar, a partir de padrões coloridos, figuras que se esvaem numa lógica cromática. Esse *dégradé* das cores atravessa corpos, árvores, sombras, aldeias e colinas, como se todos esses objetos fossem compostos de manchas harmonizadas entre si, criando um cosmo dotado de respiração própria. A imagem se torna, então, momento de um processo de diferenciação e desfazimento.

No entanto, Poussin nunca deixa de se preocupar com uma geometrização de borrões, o que, aliás, prenuncia Cézanne, grande admirador desse artista. Além do mais, o que a lógica pictórica pode esconder é reafirmado pela palavra do pintor. Disso nos dão testemunho suas cartas. Quando assume provisoriamente a posição de crítico de arte, é para logo se desculpar por estar invadindo terreno alheio, "pois convivera com pessoas que souberam entendê-lo por suas obras, não sendo de seu ofício saber escrever bem".[22] Mas não é por isso que seus textos deixam de ser excelentes guias para o entendimento de sua obra.

Está sempre se desculpando pelos constantes atrasos na entrega das obras encomendadas, porque, explica ele, freqüentemente é obrigado a rechear certas cenas com muitas figuras, o que obviamente demanda mais tempo de execução. Note-se que não enfrenta apenas uma questão de técnica narrativa, pois sempre algumas figuras seriam suficientes para contar o episódio. Em contrapartida, não está ampliando as possibilidades de enriquecer as variações de aspectos e, desse modo, enriquecer o quadro de conteúdos expressivos? "Não sou daqueles que cantam sempre no mesmo tom, sei variar quando quero", diz ele. E a variação do número de figuras depende da natureza do assunto. O encontro de Moisés nas águas do Nilo, ele explicita, pode ser pintado com encanto mobilizando apenas alguns personagens, mas pintar os santos sacramentos requer a severidade apropriada ao tema, o que demanda mais figuras na medida em que cada uma encena aspecto diferente do assunto, de sorte que a multiplicação dessas figuras substitui a pobre variação dos perfis de uma mesma cena. O desenho de um cubo sugere seis lados, o de muitos cubos multiplica as possibilidades de serem vistos. A complexidade do assunto demanda maior variação, maior número de figuras representando cada nuança da cena a ser evocada, assim como os sentimentos correspondentes. Cabe a nós perguntar se não é por

---

22. Nicolas Poussin, *Lettres et propos sur l'art*, org. Anthony Blunt (Paris: Hermann, 1964), p. 65.

isso que pintores geniais se perdem ao pintar uma grande tela, ao passo que outros, acostumados a enfrentar grandes espaços, se enredam nos pequenos quadros.

No entanto, Poussin, fiel ao bom espírito clássico, regulamenta essas variações em "modos", distribuindo-as em regiões como se fossem categorias do discurso e do ser.

> Essa palavra "modo" significa propriamente a razão ou a medida e a forma de que nos servimos para fazer alguma coisa, a qual nos limita a não ir além, nos obrigando a operar em todas as coisas com certa pequenez e moderação, por conseguinte, essa pequenez e essa moderação não sendo nada mais do que certa maneira ou ordem determinada e firme no interior do processo pelo qual a coisa se conserva em seu ser.[23]

E Poussin prossegue diferenciando o modo dórico, adequado à expressão de assuntos graves e severos, do modo frígio, conveniente às situações agradáveis e alegres, e assim por diante.

Além do mais, Poussin chega a entender essa variação de aspectos ligando-a modos do discurso:

> É preciso que haja duas maneiras de ver os objetos, uma os vendo simplesmente e outra os considerando com atenção. Ver simplesmente não é outra coisa senão receber naturalmente no olho a forma e a semelhança da coisa vista. Mas ver o objeto o considerando é, além da simples e natural recepção da forma no olho, procurar aplicadamente os meios de bem conhecer o mesmo objeto: assim se pode dizer que o simples aspecto é uma operação natural e aquilo que chamo de *prospecto* é ofício da razão que depende de três coisas: do saber do olho, do raio visual e da distân-

23. Idem, p. 124.

cia do olho em relação ao objeto: espera-se que todos aqueles que se metam a julgar sejam bem instruídos desse conhecimento.[24]

Como nos informa o editor do texto, essa distinção retoma aquela comum entre os filósofos medievais, que distinguem a *comprehensio*, dada exclusivamente pelos sentidos, e a *cognitio*, modo da razão. Mas Poussin inova. No primeiro sentido que atribui ao ver continua, por certo, pagando tributo à tradicional noção de forma como identidade passando da coisa para a imagem visual. Mas, logo depois, quando o objeto é considerado nele mesmo, vale dizer no jogo de seus aspectos, converte o trabalho da razão num ofício composto de três saberes: 1) aquele do olho, a forma mental a ser considerada pelo artista incapaz, como todos nós, de ter acesso direto à própria coisa; 2) aquele do raio visual de que é construída a pirâmide perspectiva; e, por fim, 3) a medida da distância entre o olho e o objeto, responsável por determinar o tamanho e o enquadramento das figuras.

Julgar um quadro se resolve, pois, no exercício de um saber aprendido e cristalizado em hábito que renasce, vem à luz, à medida que se vê o quadro levando em consideração o prospecto, seguindo o vocabulário de Poussin, isto é, o travejamento conceitual da imagem. Essa construção, todavia, ordena-se segundo modos que trazem para o nível da imagem os ordenamentos impostos pelo tema segundo tipos de sentimentos e idéias a serem expressados. Em poucas palavras, a variação dos aspectos de um tema, o verão, por exemplo, se faz explorando as diversas camadas significativas que o pintor lhe empresta (nesse caso, a associação desse tema com a história de Rute, o que filia Poussin à tradição clássica). No entanto, ao

24. Idem, pp. 62-3.

cumprir a intenção narrativa, não desenha o âmbito da variação das imagens e das figuras de que uma obra é composta? Parece-me que Poussin poderia julgar um simples desenho de Matisse tão belo quanto um de seus melhores quadros, mas enquanto o primeiro julgamento lhe demandaria poucos juízos parciais simples, o segundo implicaria encadear juízos embutidos uns nos outros, espécie de silogismo plástico a explicitar os saberes que ele mesmo teria deixado inscritos em seu quadro. Um triângulo pode ser tão belo como um sólido de mil lados, mas este último nos intriga muito mais e nos obriga a percorrê-lo por dentro. O desenho e o quadro não se desabrocham em mundos diferentes em virtude da menor ou maior variedade de suas dimensões pictóricas? Um não é mais interessante do que o outro?

Para o juízo estético o que importa, então, esse acréscimo de conhecimento que traz a leitura da Bíblia, a informação de que uma nora, depois de perder seu marido, segue sua sogra viúva, converte-se ao judaísmo, casa-se com o patrão Booz e lhe dá um filho que será um dos antepassados de Jesus? Se os contemporâneos do pintor obviamente estavam mais preparados para compreender a iconografia do quadro, inclusive seu significado político (a união de Jesus com a corte papal, em contraste com as heresias da Reforma), não é por isso que esse tipo de conhecimento determina nosso juízo estético. Determinaria para os contemporâneos? Nada o comprova, pois, como para nós, o acréscimo de saber sobre o que o quadro representa, antes de tudo abre novos caminhos para que novos juízos estéticos se realizem. Nada impede de se tomar a avaliação de uma obra de arte como uma seqüência indefinida de juízos estéticos parciais. O jogo do belo e do feio se faz no aprisionamento progressivo das partes de uma obra de arte por uma lógica interna que se perfaz, como diria Merleau-Ponty, numa linguagem indireta, mas que nunca termina o desenho de sua sintaxe. Por isso, por assim dizer, a vontade de verdade é diferente da vontade de beleza. Não é por isso que, depois de observar atentamente um quadro, cansados o abandonamos, mas convictos de que ainda tem muito a nos dizer? O juízo teórico diz que isso é ou não é, a despeito de todas as suas imprecisões; o juízo estético, ao menos no que concerne à pintura, mostra isto ou aquilo como aspecto de algo sem identidade precisa, embora vindo a ser processo de identificação dele mesmo. Se ambos funcionam coroados por uma auréola de indefinições, o primeiro trata de limitá-las, o segundo de ampliar sua diversidade, suas ambigüidades, a despeito de não perder o rumo, e por isso mesmo emprestando a elas dimensão expressiva. Desse ponto de vista, quanto mais se sabe da história narrada, mais parece que o quadro se expande, ganhando novas *dimensões plásticas*, obviamente nem sempre realizadas. O elo narrativo promete variações de formas, de cores etc., assim como a promessa de que essas mesmas variações induzam a ver na tela certos traços dos próprios personagens. Matisse desenha um rosto com um só traço, Poussin demora anos pintando e retocando um quadro. Dizemos que ambos os trabalhos são belos, mas essa igualdade, ao ser aproximada a uma constatação teórica, esconde diferenças das capacidades explosivas de cada trabalho.

Convém, por fim, notar que, salientando essa forma de analisar o juízo estético, espero reforçar minha guerrilha contra certas formas de platonismo ainda vigentes entre nós. Muitos autores continuam fazendo confluir a busca da beleza com a busca da verdade, embora a primeira lide sobretudo com a diferença e a segunda, com a identidade. Pensar a pintura como construção de imagens me permite alargar esse campo introduzindo na representação do fato uma discursividade fraca, mas congelada em coisas, que faz ver no quadro aspectos nunca vistos. À medida que nos familiarizamos com esse logos, preparamos nossa visão para ver o mundo mais rico. Não estou negando que uma obra de arte transmita verdades, que possa ter interesse político e assim por diante. Apenas procuro lembrar que, se tais elementos verídicos abrem caminhos para multiplicar juízos estéticos, não é por isso que se tornam responsáveis pelas diferenças de avaliação estética. É óbvio que uma obra mais rica de caminhos desperta maior interesse do que outra mais pobre, desde que, entretanto, tais caminhos não levem a melhor sobre o interesse propriamente estético da variação de aspectos, o esforço de construir uma tradição ligando os seres humanos por seus projetos de transcendência.

Não é por isso que a pintura politicamente engajada, quando realista, beira o desastre? Não resulta num contra-senso quando apenas cria imagens para colocar em xeque a identidade do imageado, denunciar a perversidade de uma situação, sem repô-la num universo expressivo e assinado onde valem sobretudo as diferenciações da própria imagem? Por isso *Guernica* é uma tela genial, pois, em vez de retratar os horrores de uma cidade bombardeada, exprime o horror de um espaço destruído pelo mal segundo a variação do estilo de Picasso. Apresenta uma cena de horror e a grandeza de um pintor que a transcende. O pintor não é demiurgo, construtor de imagens postas a serviço de uma causa paradigmática, pois a pintura sempre questiona paradigmas. Mais do que o demiurgo do aparecer, ele é demiurgo do ver e do fazer ver de seu próprio ponto de vista, transformando-se em ponto de vista coletivo, graças ao trabalho morto que sua atividade deposita em suas obras. Procura mostrar que as aparências mais cotidianas, ao serem transformadas em imagens, mostram uma deiscência por onde se infiltra uma subjetividade que, sendo trabalhada em objeto, sugere novas formas de viver vendo.

Diante de uma figura sempre é possível *dizer* que vemos 11.7
algo ou que vemos algo como algo. Essa diferença gramatical, a
saber, implícita no sentido do verbo "ver", não é, porém, específica da língua portuguesa e deve, pois, de um modo ou de outro,
estar ligada ao próprio funcionamento da linguagem humana.
Não nos importa como isso se dá, apenas constatamos essa diferença. Mas quando *construímos* imagens diferentes do decalque
das coisas, necessitamos estabelecer entre as partes dessa imagem relações necessárias a fim de que possam remeter unifor-
memente a um imageado. Até agora estivemos analisando como diversas variações desse método projetivo podem resultar
em diferenças e identidades habitando a própria a imagem a fim
de que ganhem dimensões expressivas, isto é, *mostrem* mais do
que elas próprias são para aqueles familiarizados com a pintura.
No fundo, andamos explorando os meandros de uma arte figurativa, mesmo quando atinge os limites da abstração.

Até onde chegam, porém, tais variações? Diante de imagem, do desenho no papel, podemos dizer "Vejo um rosto" ou
"Vejo essas linhas como um rosto", já que percebemos a imagem
com técnicas semelhantes pelas quais vemos coisas e aspectos
de coisa no mundo. A imagem, construída ou não, apresenta,
num suporte, certos *aspectos* do real conforme vistos na vida
cotidiana e transformados pelo pintor. Mas é mister não esquecer que não vemos os aspectos presentes na imagem segundo o
mesmo movimento e no mesmo ritmo pelos quais vemos os
aspectos, os perfis, das coisas; mais ainda, que desde os primórdios da pintura sempre foi possível construir imagens que jun-
tavam numa única presença simultânea aspectos necessariamente vistos numa sucessão. Que imagem seria obtida quando
se levasse ao limite essa apresentação *simultânea* de tantos e mui-

125

tos aspectos da coisa, por conseguinte, reforçando ao máximo sua presença ainda que seja destruída sua aparência mundana? Não seria apreendê-la noutro tempo ou mesmo fora dele? Essa experiência foi levada a cabo pelo cubismo analítico, graças ao intenso trabalho conjunto de Pablo Picasso e Georges Braque por volta de 1910. Em virtude da revolução que ela causou na pintura devemos recordar alguns de seus momentos mais conhecidos, embora selecionados adrede para mostrar como preparam o momento de ruptura do processo projetivo de afigurar.

Depois de ter mobiliado seu mundo com figuras melancólicas, particularmente nos períodos azul e rosa, Picasso se interessa por outras mais concretas e compactas e se encontra, assim, diante do desafio de sugerir volumes sem aplicar, dentre outras, as técnicas tradicionais do claro-escuro, que lhe parecem "furar" o quadro. Não diminuem o efeito procurado? Como introduzir na plenitude do plano a sugestão de um volume, como construir espaços sem atmosfera? Dois exemplos podem testemunhar as primeiras tentativas da nova técnica: no retrato de Gertrude Stein (Metropolitan Museum de Nova York) e num auto-retrato (Coleção E. Gallatin, Filadélfia), executados em 1906, Picasso deixa de lado expressões psicológicas para tratar de simplificar formas e generalizar volumes. Mas o que visa essa generalização? Em primeiro lugar, reagir à dissolução dos objetos provocada pelo impressionismo; em segundo, retomar a tradição construtivista. Em 1907 Paris vê a exposição retrospectiva de Cézanne, de enorme impacto; Picasso não ficou imune a esse interesse pela construção. Propondo-se a compactar cor e forma, assim como romper com o aspecto bidimensional do quadro, começa a trabalhar numa grande tela, *Les demoiselles d'Avignon*, que se transformará num dos momentos inaugurais do cubismo. Como o próprio artista nos relata, o quadro, inicialmente chamado *O bordel de Avignon*, representaria homens e mulheres, alguns deles jocosamente retratando amigos, reunidos numa casa de prostituição estabelecida no bairro *d'Avinyo*, em Barcelona. A tela acabada mostra apenas cinco mulheres e um prato de frutas de que se teriam servido. Já nas primeiras versões, todavia, apareciam figuras esculpidas a golpes de machado, lembrando esculturas negras, rostos sendo reduzidos a um desenho esquemático, contornos ovais em volta de um z separando olhos e boca, inspirado nas pinturas romanas catalãs. De todos os amigos que freqüentam o atelier, somente Georges Braque, até então ligado ao fauvismo, adere com entusiasmo ao novo trabalho. A troca entre eles é intensa, sendo às vezes difícil, à primeira vista, distinguir quem é o autor dos quadros posteriores. Um dia, depois de uma longa discussão, Braque diz a Picasso: "Você pinta como se quisesse que comêssemos estopa e bebêssemos petróleo". Não resume, em termos muito incisivos, o tipo de reviravolta que as novas imagens deveriam provocar nas suas dimensões expressivas, ao mesmo tempo concretas e indigestas?

As versões iniciais entusiasmam assim como desnorteiam os primeiros espectadores, mas Picasso sabe que não resolveu o problema. Os desenhos auxiliares nos mostram várias linhas nessa tentativa de atribuir três dimensões ao plano sem recorrer à *ilusão* da perspectiva, mas tomemos, como exemplo, apenas a montagem do volume do nariz. Nos primeiros estudos, o rosto chapado é trabalhado por uma esquematização do nariz projetando uma sombra hachuriada; num estágio intermediário tudo o que pode sugerir buraco no plano — olhos ou boca — é substituído por um traçado prolongando a curva desse nariz; finalmente uma das faces desaparece para dar lugar ao nariz desenhado de perfil, de sorte que o rosto por inteiro se apresenta então simultaneamente de frente e de lado, concentrando no desenho uma alteração de aspecto que se faz rodeando a coisa. O pintor justapõe na superfície o que se percebe no decurso do tempo, de sorte que a coisa é presença de volume sem alterar a presença do plano.[25] Se o resultado é uma figura deformada, o que isso significa? Anos mais tarde, em 1956, num diálogo com Alexander Liberman publicado na revista *Vogue*, Picasso lança alguma luz sobre a questão: "O sentido de inúmeras de minhas transformações — que muitos não compreendem — é que existe interação, efeito das linhas de um quadro umas sobre as outras: uma linha atrai a outra e, no ponto de atração máximo, a linha se curva para o ponto de atração, a forma se modifica".[26] Na co-presença dos aspectos, as linhas passam a se relacionar entre si de forma nunca vista, montando, em volta de um buraco negro invisível, um jogo de atração e repulsão que termina por alterar os elementos tomados como ponto de partida: a deformação não diz respeito a um lado secreto da coisa, mas ao jogo das partes da própria imagem, que passa a ser regida, por assim dizer, em vista de pólos magnéticos. Que não se imagine que a nova imagem se contente consigo mesma, que perca totalmente sua referência, deixando de visar o real. Picasso nunca abre mão de seu realismo. Se reúne numa única peça guidão e selim de uma bicicleta para formar a imagem de um touro, não é por isso que esses objetos perdem suas referências naturais. Soldados no bronze, adquirem unidade constituída pela nova composição de elementos, que entretanto devem conservar suas identidades prévias. Aqui está o perigo, diz ele: "se não se visse mais do que a cabeça de touro e não o selim de uma bicicleta e o guidão que a formaram, essa escultura perderia o interesse".[27] Explicitamente

25. Cf. Guy Habasque, *Le Cubisme* (Genebra: Skira, 1959).
26. Picasso, *Propos sur l'art*, org. Marie-Laure Bernadac e Androula Michael (Paris: Gallimard, 1998), p. 82.
27. Idem, p. 113.

o artista não trata mais de apreender um aspecto visível da coisa para reproduzi-lo na tela, mas reúne coisas até então nunca reunidas para expor uma semelhança dessas coisas, empregadas como imagens, com aspectos de outro objeto. Picasso não projeta aspectos do real para a tela, não desenha o nariz visto no seu aspecto icônico, mas *compõe* o desenho da face e do nariz para que neles seja vista uma cabeça segundo perfis co-presentes, que somente podem ser vistos efetivamente no tempo. No exemplo da escultura, *mostra* como um touro contém em si mesmo formas que igualmente se apresentam nas partes de uma bicicleta. Na sua pintura, no mundo de Picasso, aquelas peças de uma bicicleta passam a *participar* — quase no sentido platônico da palavra, a saber, semelhança na conformação da coisa como visibilidade extrema, como *eidos* — da conformação da cabeça de um touro. Daí a importância da colagem, que reduz vários perfis, diferentes aspectos, de um objeto cotidiano, àqueles que se compaginam com os outros elementos do quadro e, mediante essa participação, expõe o real de ângulo nunca visto. Em vez de se caminhar da coisa para a imagem, agora se vai da coisa-imagem para aspectos relevantes da realidade. Qualquer semelhança entre a imagem e o imageado é sempre construída, deixando de lado aquelas similitudes que se encontram na natureza.

Nesse procedimento reside, entretanto, o perigo de que uma ilusão compareça no lugar do real. Uma vez Picasso vê um esquilo numa tela oval em que Braque procurava pintar um pacote de tabaco, um cachimbo e outros objetos sagrados do cubismo. Braque, depois de muita resistência, por fim passa a distinguir o animal, o que o obriga a trabalhar dias a fio para evitar essa aparência indesejada.[28] O que quer dizer uma ilusão

28. Idem, p. 118.

quando o objeto não é retratado pelos ângulos convencionais segundo os quais ele costuma ser visto? Parece-me que, ao reproduzir numa única superfície os fotogramas que uma câmara de cinema colheria no objeto percorrendo seu entorno, ao transformá-los a fim de que possam evidenciar os pontos de tensão máxima em relação aos quais as formas, cores etc. passam a se organizar, o pintor *reconstrói* o que a câmara dissolveu, totaliza esses aspectos dispersos, sem contudo precisar refazer a unidade dos perfis que assegura a identidade de uma coisa. Dessa perspectiva, o pintor opera como restaurador de um mundo em crise, mas expondo essa crise. Um esquilo não conviveria com determinadas peças de uma natureza-morta, destruiria aquela sintonia que o artista quer reproduzir em seu quadro. Além do mais, o novo tipo de imagem é histórico, pois alem de abraçar os vários aspectos, por exemplo, vistos numa guitarra, o pintor está dialogando com os trabalhos de outros grandes artistas, cujas obras igualmente abraçaram a totalidade de uma situação visível. Picasso não observa que numa paisagem pintada por Poussin tudo está sendo narrado? Não lhe resta então outra tarefa senão *participar* da história da pintura recomeçando a narrar o todo inteiramente modificado pelo trabalho dos homens, dado que esse todo é signo.[29] É sintomático que, no fim de sua vida, Picasso se dedique a estudar a relação do pintor, do modelo e do quadro, assim como retorna à cópia de obras-primas do passado.

No que se resolve então o realismo de Picasso? É possível encontrar uma pista num comentário sobre o caráter simbólico de *Guernica*. Numa entrevista concedida a Jérôme Seckler em 1945, precisamente no momento mais politizado de sua vida, Picasso afirma: "O touro (e não a figura do touro) não é o fascismo, mas é a brutalidade e as trevas". Não é ele um animal

29. Idem, p. 53.

que luta contra homens vestidos de luz? Notável é que o pintor vai aceitando todos os sentidos alegóricos que os admiradores possam emprestar aos personagens do quadro, mas não deixa de reafirmar sua posição:

Não sou surrealista. Nunca estive fora da realidade. Sempre estive no real da realidade. Se alguém desejasse expressar a guerra, poderia ser mais elegante e literário, fazer um arco e uma flecha, porque isso é mais estético; mas para mim, se quero expressar a guerra, uso uma metralhadora.

Em suma, mesmo quando afigura a metralhadora, o que lhe importa é a própria metralhadora empregada como imagem. E continua afirmando: "O touro é um touro, a paleta é uma paleta e a lâmpada é uma lâmpada. Apenas isso", acrescentando depois: "Quero apenas reproduzir os objetos como são, e não pelo que significam".[30]

Obviamente isso só é possível se o real for signo, mas da mesma linguagem do mundo, do mesmo mundo reiteradamente afirmado como o mesmo na sua diferença. Essas idéias me levam a imaginar que Picasso, ao fazer da pintura figuração do mundo, figuração que se nega para ser mundo, teria reformulado uma parte do aforismo 5.641 do *Tractatus* nestes termos: "O eu penetra na pintura porque o 'mundo é meu mundo'"; desde que tudo se resolva goethianamente na ação, "para mim, pintar um quadro é se engajar numa ação dramática no curso da qual a realidade se encontra dilacerada. No que me concerne, o ato plástico é secundário. O que conta é o drama do próprio ato, o momento em que o universo escapa de si para reencontrar sua própria destruição".[31]

30. Idem, p. 51.
31. Idem, pp. 118-9.

Essa reprodução construtiva de um ato destrutivo, essa busca da referência escapando dela, esse denotar que termina rompendo com o ato de denotar, tudo isso se evidencia no filme de Henri-Georges Clouzot *O mistério de Picasso*, que documenta vários momentos do trabalho do artista. Picasso se senta diante do cavalete no qual se apóia uma armação coberta por um papel especial, que permite à câmara, colocada do outro lado, acompanhar a construção da imagem. O resultado é deslumbrante, pois às vezes se tem a impressão de se estar assistindo à criação do mundo conduzida por um gênio espanhol. Salientemos apenas alguns daqueles aspectos que reforçam a tese de que a pintura é jogo aberto entre a imagem e o imageado. Fica bem claro que Picasso não pretende capturar elementos do mundo em um de seus modos específicos de ser. Pelo contrário, parece pretender criar um quadro sem saber que figuras haverá de representar. Às vezes elas vão se compondo a partir de certos esquemas figurativos picassianos que, depois de terem sido demarcados pelo pincel, se desdobram uns a partir de outros até criar espaços em comum onde figuras emergentes dialogam entre si. Outras vezes um caleidoscópio se transforma em microscópio, a fim de referir-se a coisas sem gênero previamente definido. De repente o desenho mostra um peixe que se transforma num galo que finalmente se contorce num gato. Não importa o animal denotado, mas o ato de criar uma denotação que evidencie seu percurso e o mover-se de alguns dos elementos do quadro conseguindo escrever uma história, que mostre como há partes do gato podendo ser *vistas como* quase um peixe, *vistas como* um galo e assim por diante. É como se o processo de transformação criasse uma mimese invisível ao olhar, mas visível ao pensamento. Não é o que percebe Clouzot quando se refere aos vários quadros submersos no quadro pronto? Notável é que na composição de um deles ouve-se a voz de Picasso reclamando que o *sistema de variação* não está funcionando, como se fosse levado por uma lógica de variações criada por ele mesmo, mas que agora escapa a seu controle. A tal ponto que, num dado momento, vê-se obrigado a abandonar o quadro, tomar de outra tela e recomeçar tudo de novo. Pouco importa, pois, se o quadro representa esta ou aquela coisa, o denotado é apenas elemento de um complexo formado pelo jogo da imagem e do imageado, a imagem negando-se como tal a fim de que variações de aspectos de ambos se fundam numa sinfonia construtiva. O artista não é um explorador de variações do olhar a fim de instalar uma lógica nos aspectos visíveis e transformados?

Entende-se por que Picasso sempre reafirmou sua tese realista, sua intenção de apanhar o real das coisas, desde que esse real não fosse pensado como pegada divina que os artistas procuram captar imitando o ato criador. Se há mimese, ela não consiste numa transferência de esquemas da coisa para esquemas da imagem, o que obrigaria o artista a buscar tão-só uma semelhança atávica entre o imageado e a imagem, mas se resolve em transformações de semelhanças para que se constituam novas visibilidades e novas visões de mundo. Mais do que imitador, o artista plástico é um prestidigitador, um variador, de elementos visíveis que, se de fato pertencem ao mundo, são postos a serviço da criação de novos mundos, daqueles caminhos virtuais que a ação coletiva vai depositando nas coisas, mas que podem ser usados para o bem ou para o mal. Não é por isso que um artista conservador ou até mesmo imoral pode revelar potencialidades do presente que tão-só ele nos sabe mostrar, mas que implodem a presença do mundo da vida a fim de que ela se dê como futuro possível? Não é esse o sentido do mundo do espírito?

II.8   Depois do cubismo e da colagem estava preparado o caminho para o *ready made*, para a coisa ocupar o lugar da imagem sem ser ela mesma imagem. Mas não se chega assim ao limite da pintura ou da escultura como transformações de jogos de linguagem não-verbais? Pelo que me consta, diante do urinol virado e exposto sobre uma base, da pá dependurada ou até mesmo da lata, dessas que se encontram nos supermercados recheadas de atum, mas que no caso estaria cheia de fezes do artista (pelo menos era o que dizia o rótulo), poucos serão aqueles que irão procurar discernir nesses objetos propriedades costumeiramente ditas estéticas. No final das contas, não importa a brancura e as ondulações da massa do urinol, sendo que ele está ali, exibindo sua presença bruta, descolado de seu contexto de uso, mas se propondo como trabalho de artista: a coisa pronta é apresentada como testemunho de ato criativo, criação que se resolve na seleção do dado e no ato de expor.

Diferente do quadro, suporte que representa algo trabalhando seu modo de apresentação, o *ready made* se dá como coisa que, ao ser deslocada do contexto de seu uso, se mostra apenas como exemplar de um tipo, peça de um todo, cuja identidade genérica é, entretanto, problemática. É como se um caixeiro-viajante fosse a um museu com seu mostruário debaixo do braço, mas, em vez de expor ao cliente vários tipos de tecido ou de bombons, trouxesse um único objeto a ser exposto como exemplo da arte em geral.

Marcel Duchamp expôs o urinol acima referido, pela primeira vez, em 1917, mas noutras exposições, tendo perdido a peça original, reapresentou a *mesma* obra de arte substituindo-a por *outra* da *mesma* marca e procedência. O *ready made* é, pois, antes de tudo negação da singularidade do objeto estético, ataque à estética romântica, que acreditava ser possível transformar a obra de arte na individuação de uma idéia. As nega-

134

ções, porém, não param aí. O objeto é posto fora de seu contexto de uso, deixa de ser coisa à mão para vir a ser coisa que se contempla quando nela nada pode ser contemplado. Nega-se como urinol, coloca em xeque sua objetividade cotidiana a fim de que sua existência se revele apenas como algo existente neste ou naquele museu, vale dizer, na indiferença de um museu imaginário. Em resumo, vale como coisa, presença de qualquer exemplar dessa coisidade, mas cuja universalidade apenas *destrói* o que, por exemplo, a arte de Picasso tenta reconstruir, seja a destruição de um aspecto do mundo em virtude de mecanismos sociais injustos, seja a destruição do aspecto resultante da transformação artística. Por mais que apresente simultaneamente o que se vê num objeto no curso do tempo, o cubismo e, mais tarde, o abstracionismo ainda mantêm um método de projeção que constrói imagens em busca de imageados, demarcando um terreno em que as partes entram numa necessidade fraca, apenas visível enquanto faz ver. Em contrapartida, no *ready made* essa articulação desaparece no suporte, para reaparecer na relação da coisa com a tradição, com seu contexto e outros conceitos literalmente inscritos nela ou na legenda que a acompanha.

Vejamos como essa perda da referência nominativa, consumida pelo relacionamento da coisa-imagem com elementos externos, vem a ser compensada pelo novo papel exercido pelo título. Quem não está familiarizado com a iconografia cristã vê, numa série de quadros de Carpaccio intitulada *O martírio de Santa Úrsula*, cenas ilustrando a legenda, índice de uma narração cujos episódios em geral ele desconhece. Alguém mais enfronhado na iconografia cristã reconhecerá nesses episódios um martírio e assim terá acesso a sendas novas que lhe permitem explorar jogos de linguagem não-verbais invisíveis sem essa informação narrativa e *conceitual*. Em contrapartida, o nome *Fontaine*, aposto ao urinol, não promete na coisa-imagem uma narração ou ainda qualquer jogo plástico, mas tão-só aquele jogo não visível entre a coisa-obra de arte e o conceito, este se retorcendo para conferir à coisa outra identidade, alimentando-se da ambigüidade de ser produto industrial e arte, construção de uma imagem que vale no início apenas para expor seu ato construtivo. Costumeiramente a palavra "fonte" se refere a um objeto encontrado à beira dos caminhos, prezado porque dele brota água, seiva da vida; mas agora o que brota se esconde na medida em que o nome passa a denotar peça de uso cotidiano, pudica, quase sempre escondida, servindo para coletar urina e outras excrescências. O sentido dessa obra de arte se articula, pois, tanto na negação da sua coisidade, como pela transformação de um sentido costumeiro, de sorte que uma palavra misteriosa, ao ser posta fora de seu uso, vem completar a perda do jogo visível dos elementos. Desse modo, a palavra faz sua entrada no jogo das artes plásticas, às vezes simplesmente para indicar como uma sala vista numa fotografia, à primeira vista inócua e fria, vem a ser depósito de bombas atômicas, com as quais as pessoas lidam como se fossem grandes engenhos inofensivos; outras para colar seu sentido ao mero jogo plástico.[32] Não é assim que se dá a transubstanciação de produtos industriais?

O urinol de Duchamp apenas nos faz *ver como* se transforma um objeto em objeto artístico, retirando-o de seu contexto cotidiano, expondo-o como se fosse obra altamente apreciada, mas torcendo o princípio de sua identidade de coisa, aquilo que faz com que seja dita "urinol", para que possa ser dita *Fontaine*, com os múltiplos significados que essa palavra sugere. Exemplifica, antes de tudo, um dos traços mais importantes da arte contemporânea: sua reflexibilidade e, no caso das artes plásticas, o modo como se pensam como arte dando as costas ao repertório artístico tradicional no tratamento da imagem. Mas

32. Cf. Marco Giannotti, "A imagem escrita", *Ars* 1 (2003).

nesse esgotamento de si mesma a nova arte não dispensa o sentido cunhado pela palavra. Vimos como um quadro, ao se compor de valores plásticos, sugere uma estruturação de si mesmo, sendo capaz de encontrar ecos noutros planos, até mesmo no discurso do espectador ou do crítico. É como se ele fosse torre emitindo ondas eletromagnéticas, cujos primeiros ecos da imagem mãe fossem se repetindo em círculos — outras imagens e discursos críticos —, mas necessitando pagar o preço de perder a nitidez original. Visto que no *ready made* permanece o ato de expor o objeto como se fosse artístico porque se associa a um título, a fonte de sentidos passa a ser uma coisa vista como se fosse imagem, mas desde logo ecoando em suas diversas auras, conceituais ou narrativas.

É notável que tais repercussões de significados verbais treinam o olhar e alinhavam novas formas de experiência que podem então retornar ao antigo jogo que a imagem mantém com o imageado, mas agora carregado de novos sentidos. Vale a pena lembrar uma observação de Andy Warhol ao comentar uma série de seus trabalhos:

> Não basta que seja em geral a mesma coisa, é preciso que seja exatamente a mesma. Pois quanto mais você contempla exatamente a mesma coisa, tanto mais desaparece o sentido e mais você se sentirá bem e vazio.[33]

Warhol retoma aquela vicissitude de qualquer sentido, particularmente aquele da palavra, que se esvazia ao ser repetido automaticamente, fugindo assim do fio discursivo que o nutre. Desse modo, caixas de Brillo sobrepostas se repetem para perder seu caráter de mercadorias e a fim de se apresentar como

33. A. C. Danto, *L'Assugetissemente philosophique de l'art* (Paris: Seuil, 1993), p. 61.

imagem; diversas imagens de Coca-Cola ou diversos retratos de Marlyn Monroe, cada qual repetindo-se com algumas alterações no aspecto, convertem-se em procedimentos para transformar imagens em flashes que, embora visando o mesmo, destroem a identidade posta: a caixa de papelão vira imagem, a imagem da Coca-Cola mostra a impossibilidade de ser bebida ou a repetição de um retrato cada vez deformado sugere interioridade da diva consumida por suas aparências mais infantis. Para Duchamp, o urinol não precisava ser exatamente o mesmo, mas da mesma marca e procedência, isto é, do mesmo gênero, de sorte que resta apenas a crítica do ato de expor, crítica denúncia de uma ação que se tornou automática, assim como destrói a coisidade da coisa e questiona o estatuto tradicional da obra de arte. Em contrapartida, para Warhol a repetição do mesmo singular esvazia o sentido imediato do visado, para fazer ver como certas formas de repetir e generalizar o mesmo servem para impor à coisa nova identidade, alimentada por sua ambigüidade de ser. Não é o que acontece com um produto de consumo banal, com o retrato de uma artista? No primeiro caso, para realçar o caráter fugaz do objeto visto, no segundo, a deiscência do rosto; ambos dando igualmente relevo ao caráter vicário do espectador. Num caso, redução do caráter de imagem graças à apresentação de uma coisa a ser vista *como* objeto de arte, noutro, recuperação da imagem graças à repetição dela. Tudo isso nos faz pensar no drama de uma arte que se esvai em sua própria imagem e que igualmente se cria ecoando a denúncia do consumo automático. Cabe sublinhar que em nenhum momento uma única fotografia da Monroe se dá como imagem visando retratar a artista na sua pessoa; a tela de Warhol diz respeito à imagem dela, sem referência natural ou social a seu imageado, sendo posta em correspondência com outras imagens para *fazer ver* e *comentar* como a repetição de retratos consome o próprio sentido da imagem e enaltece a subjetividade fugaz do espectador.

* * *

O cubismo e o *ready made* são momentos da história da 11.9
arte contemporânea que exploram até o limite a tradicional
relação da imagem com o imageado. Outro exemplo é do abstracionismo. Um quadro do século XV europeu, mesmo quando vem a ser construído a partir de vários pontos de fuga, conserva um único sistema de referências, tudo se passando como
se a imagem fosse sendo construída pelo variar das óticas sem
que a cena possa escapar de um espaço absoluto. A heterogenei-
dade dos aspectos vistos do espaço não destrói sua identidade
ôntica, embora explore as diferenciações de lugar, os diferentes
ângulos pelos quais ela é observada e composta. Em contraparte, no século XX, o cinema leva ao extremo essa multiplicação de
ônticas, seja graças à diversidade de suas técnicas de enquadramento e montagem, seja pela possibilidade de mostrar objetos
e personagens se movimentando de modos nunca vistos. É
como se construíssemos, inspirado num conto de Jorge Luis
Borges, um mapa-múndi numa escala um a um, que teria assim
o mesmo tamanho do globo terrestre. Desse modo, desaparece
a imagem para conferir presença total a um imageado que se
constrói como se contivesse em si mesmo todas as possíveis vistas de si, mundo que, em vez de ser constituído pela mobilidade
dos sentidos e dos pensamentos, se fixa como panorama a ser
contemplado. Quando nos instalamos numa sala escura, diante de uma tela imensa e de alta definição, não mais estamos frente a frente com uma imagem, mas espreitamos o mundo tal
como é visto, mas protegido das vicissitudes de nossos projetos
e das ameaças concretas do cotidiano. Os primeiros quadros do
início do movimento já não pretendiam apresentar situações
indefinidas? O olhar segue as instruções inscritas nele, passeia
criando espaços locais, furando ou conferindo relevo a uma

superfície etc., de tal modo que nele o expectador se coloca como sujeito absoluto, como se fosse o único responsável pelo sentido do visível, cuja trama, entretanto, espreita suas liberdades de movimento. Essa dimensão foi explorada dos modos mais diversos e se poderia dizer que chega a um de seus limites quando a bidimensionalidade do suporte deixa de ser questionada. Não é o que acontece num quadro de Barnett Newman? Ao sujeito só resta, de sua ótica absoluta, procurar uma presença nas sutilezas da variância, nas vibrações de um objeto que se faz imagem quando percorrido por um olhar que aceita regras na medida em que elas mesmas foram minimizadas.

Embora sugira outro universo, examinemos o quadro de Mondrian *Composição em losango com quatro linhas e cinza*, de 1926, atualmente exposto no Museu de Arte Moderna de Nova York. À primeira vista percebemos um quadrado posto de pé sobre um de seus ângulos, focando outro quadrado desenhado no fundo. Ambigüidade, porém, que se converte no seu contrário, um suporte branco sendo marcado pelo desenho preto de outro quadrado. Este se arma graças a simetrias sutilmente equilibradas em linhas desiguais. Meyer Schapiro explora mais esse tema da seguinte maneira: "Vemos o quadro parcialmente encoberto e a estender-se num campo imaginário além da tela em diagonal. Se forem abandonadas a modelagem e a perspectiva, entra em jogo outro indício de profundidade nessa pintura plana sobre o plano impenetrável da tela: a superposição de formas. O contorno interceptador avança e o quadrado interceptado recua, como se passasse por baixo das bordas. Tudo se parece então à representação podada de um objeto no espaço diagonal".[34]

Estrategicamente cito essa passagem para salientar como o quadro é visto na qualidade de construção de um espaço por

---

34. Cf. *Arte moderna, séculos XIX e XX* (São Paulo: Edusp, 1996), p. 299.

fazer.[35] Se outros comentários convergem na mesma direção, não é o caso de se perguntar qual é o sentido dessa semelhança de família? Importa-me que se termine vendo o quadro como um jogo, por certo composto de outros jogos, mas descrito por uma linguagem que tenta captar o que ele apresenta sem linguagem verbal, mas se articulando em partes significativas e estimulando ecos discursivos. Se ele comprova sua capacidade de conduzir a visão, ainda estimula discursos paralelos semelhantes entre si, todos eles mostrando como algo é visto como algo. Mas o primeiro e o segundo algo se ocultam para que se apresente o mero jogo dando sentido ao visível. De um lado, como Kant pretendia, se estabelece entre pintor, espectador e crítico alguma sociabilidade, uma forma de ver e de pensar em comum; mas ao contrário do que ensinava, esse mesmo jogo não pretende chegar a um conhecimento que, embora impossível de ser especificado, seguiria visando um conteúdo de verdade. Se Picasso transforma para evidenciar a atração interna de linhas e de cores que ele mesmo está produzindo, criando um jogo que se sobrepõe à semelhança denotativa, se, em contrapartida, afirma estar mostrando o real da realidade, isso se dá porque, nesse movimento de sua pintura, explicitado pela prosa segundo a qual podemos falar dela, todos nós passamos a empregar um discurso cuja pretensão não é mostrar a verdade do belo, mas tão-só uma beleza estruturada. Mondrian retoma esse caminho, embora estruturando um jogo visível de partes que se ajustam em imagens fugidias, mas sempre renascendo numa geometria inventada. Para quase todos nós, a obra de Picasso, mestre da variação, explora o mundo contemporâneo exprimindo as profundezas de suas misérias e de suas grandezas, ao mesmo tempo que esboça um mundo pondo-se além do

35. Cf. Alberto Tassinari, *O espaço moderno* (São Paulo: Cosac Naify, 2001).

cotidiano. Nele, o pintor e nós mesmos nos infiltramos por suas fissuras, por seus buracos negros, nos fulgores de suas estrelas, de sorte que sua visibilidade emotiva se condensa em figuras deformadas numa doce tristeza ou na violência do horror. Um quadro abstrato de Mondrian, entretanto, nos parece uma superfície registrando um olhar geometrizado, que mergulha no objeto a ponto de perder os contornos das figuras cotidianas, para nelas encontrar ângulos e ritmos insuspeitados, contornos extravasando o raio da visão. É parecido com um microscópio ou a um telescópio, cada um nos fazendo ver imagens para encontrar nelas sugestões de imageados, fantásticos objetos que trazem a força mística de quadrados de cores superpostos. Mas se Picasso ou Mondrian terminam moldando diferentes formas de estar no mundo, que o transcendem sem pretender falar do Ser, ambos salientam que tudo o que nos cerca poderia ser diferente e que nós mesmos seríamos mais gente se topássemos explorar essas veredas. Enquanto Picasso, porém, ainda nos dá um imageado vicário para indicar o sentido das transformações da imagem, Mondrian nos apresenta a vicariedade de imageados numa dança infinita.

Abandonando o preconceito de que a beleza de uma obra depende de seu conteúdo de verdade, construindo-se pelo contrário mediante transformações dos aspectos possíveis das imagens do mundo cotidiano e até mesmo aquelas mais recônditas que um autor descobre e marca com seu selo, torna-se mais fácil compreender como obras que chocaram seus contemporâneos podem hoje em dia ser valorizadas. Lembremos um caso ambíguo, mas muito próximo de nós: o *Triunfo da Vontade*, de Leni Riefensthal, que documenta o congresso do Partido Nacional-Socialista, realizado em Nuremberg, em 1936. Convém não esquecer que, na época, era muito prezado por alemães e por europeus, algumas vezes em segredo, já que se precipitavam em festejar seu substituto, o documentário das Olimpíadas, realizado na mesma época. Depois da derrota do nazismo, porém, o filme foi execrado, proibido na Alemanha, e ainda hoje circula sorrateiramente.

Não me parece haver dúvida de que o congresso foi uma farsa, mas até que ponto sua imagem também o é? A exaltação da figura de Hitler, rodeada pela câmara que circula num plano baixo, se mostra para muitos de nós como pura enganação. Mas assim mesmo não prenuncia o que se tornou hoje o *marketing* político? Seja com for, o filme contém cenas do melhor cinema. Lembremos apenas duas. Na primeira percebe-se um estádio, demarcado pelos militantes dispostos em retângulos, Hitler e dois de seus ministros caminham, como se o fizessem por uma larga avenida, até o pódio do triunfo. É filmada do alto para acentuar o enquadramento regular dos participantes e ressaltar aspectos de uma vontade férrea capaz de sobrevoar espaços. A imagem, porém, carrega outros sentidos alem daquele explicitado pela propaganda nazista. Se, de um lado, assistimos à submissão do povo ao *Führer*, de outro também vemos a mesma cena exemplificando a solidão e o isolamento daqueles que se confinam num Estado que se fecha sobre si mesmo, onde a lei é vontade do chefe e os súditos, autômatos despersonalizados. Não me parece que essa cena seja bela porque revele a verdade da liderança e do poder autoritários, mas sim porque se faz jogo da ambiguidade que se arma quando a imagem respira num espaço geometrizado, que tanto sugere a angústia do enquadramento das pessoas na disciplina e nos quartéis, como concentra esperanças daqueles que espreitam a explosão de movimentos que, embora monótonos, se fazem imagem de um caminhar humano. O espectador nazista que somente fosse tocado pela grandeza do *Führer* e de seu poder disciplinador veria na imagem apenas sua referência, como se, diante do retrato de Paulo, fosse apenas capaz de dizer que estava vendo Paulo. Desse ângulo, veria a cena como se ela se resumisse na apresentação de algo. Aqueles, entretanto, que se ligam ao jogo das imagens *construídas* pelo artista descobrem nelas outros sentidos cuja *indefinição* irradia novos caminhos a serem explorados. Até mesmo no ritmo demorado dos passos não poderíamos a ver a monotonia de um processo que se esgota em si mesmo? A monotonia também não pode ser dançada?

Na segunda, os militantes militarizados são chamados a declarar de onde vêm. E seus representantes vão enumerando as várias regiões da Alemanha. De um lado, puro mecanismo de doutrinação e enquadramento, de outro, porém, à medida que a imagem vai revelando os matizes das diversas procedências, dos rostos enquadrados para desenhar diferenças de convicção e entusiasmo, o referencial doutrinário se oculta para evidenciar o pertencimento daqueles que vão além do enquadramento militar, invocando suas diversidades regionais, seus diferentes modos de vida. Desse modo, o pertencimento doutrinário se abre para lembrar outras formas mais livres de pertença. A cena bela não se apresenta assim como singularidade abissal que contivesse nela mesma a universalidade criadora da idéia, mas tão-só como artefato humano cujo sentido é antes de tudo percurso de um intervalo desprovido de limite inferior e superior. Desse ponto de vista, a obra de arte não se resolve numa singularidade apresentando um universal na sua inteireza, nem mesmo na Idéia que carrega em si mesma o empuxo de seu vir a ser, mas tão-só imagem *de algo* que, ao ser retrabalhado a partir do trabalho morto contido nele, converte-se em moeda do espírito.

II.10   O cinema começa emprestando caráter absoluto ao imageado, e o abstracionismo, à imagem, na medida em que ambos fogem do antigo relacionamento da essência com a aparência: um parece reduzir-se à apresentação do mundo tal como é, outro trata de capturar o jogo das aparências sem referências a não ser aquelas ditas. Com isso, o sujeito se libera como demiurgo do fazer ver. Mas não é nesse esteio que se tornam possíveis outras manifestações artísticas tais como a instalação? Nela o espaço real somente revela suas virtualidades visíveis quando o sujeito se esconde para transformar-se em operador, pescador dos mais variados aspectos, inclusive aqueles de seu próprio corpo? Não é depois dessa crise da relação da imagem com o imageado que Joseph Beuys pôde ser capaz de se fazer ver como pintor que nada mais pinta do que seus próprios atos de estar no mundo? Nem por isso ele abandona o ideal de construir algo expondo regras. É o que ele mesmo explicita ao *dizer* para a revista *Arts Magazine*, de abril de 1980 o seguinte: "Estou interessado na transformação, mudança, revolução — transformando o caos, mediante movimentos, numa ordem nova".

Somente o futuro poderá dizer até que ponto todas essas experiências se mostrarão como novos ordenamentos do pensar e do sentir. Por certo, uma instalação corre o risco de transformar-se numa casinha de bonecas; um *happening*, numa palhaçada, principalmente quando cada uma dessas obras se imagina voltando-se sobre si mesma sem qualquer diálogo com outras já construídas, com qualquer tipo de tradição. O novo que se quer inteiramente novo, que não se confronta com o velho, que não trabalha as zonas cinzentas de indiferença deixadas ao longo do caminho da criação, tende a se esgotar à medida que se arrisca a ser construção sem qualquer fundamento. A fortuna dessas novidades, desligadas da tradição e que apenas se fazem contemporâneas, tão a gosto de um mercado que se acostumou com o consumo conspícuo de inovações tecnológicas, pode manifestar crises mais profundas, provavelmente, aquela do capitalismo contemporâneo com todas as suas contradições irresolvidas ou, a contrapelo, ainda ilustrar a crise da autonomia moral do sujeito. Mas não é por isso que essa crise, vista nas suas reais dimensões, nas suas contradições reais, pode ser tomada como o fim do mundo, pelo menos implosão da razão ou do Ocidente. Desta última não sei bem de que se trata; quanto à primeira, parece tão-só concernir a um determinado conceito de razão que tem se mostrado incapaz de compreender o sentido criativo da arte contemporânea seja ele qual for. Mas a mesma forma de racionalidade já não tinha sido posta em xeque pela própria ciência? Lembremos as peripécias da Física quântica quando ensina que algo pode ser não sendo algo. Para se livrar desse conceito tradicional de razão, não bastaria esquadrinhar um quadro abstrato ou até mesmo um afresco figurativo, desde que sejam vistos como jogos de linguagem não-verbal? Serão exemplos de certo tipo de dar razão ao ver, fazendo ver por caminhos prescritos na obra, por conseguinte exemplificando uma razão vicária, diferente da razão calculadora ou da razão totalizante. Numa obra de arte não se calculam meios em relação a fins nem se percebe um todo que se esmiúça em partes harmônicas cuja única função seria sustentar o todo. Ela mesma consiste numa identidade ambígua, travejamentos que forçam o ver nas mais variadas direções embora todas elas já traçadas para que o caminho de Swann cruze com o caminho de Guermantes. Vive na aresta de uma ambigüidade que apresenta ao mesmo tempo uma coisa que pode ser vista *como* regulação tanto do ver como do que *pode* ser visto na sua margem. Em resumo, constitui-se como processo de informar razões prontas a serem ditas, quando se pergunta por que fomos obrigados a ver assim e não de outro modo. Se a expressão hegeliana "a identidade da identidade e da diferença" ainda pode assumir algum significado é porque o trabalho da identidade passa pela in-diferença, de uma diferença que se volta sobre si mesma, quebrando a dualidade clássica da identidade e da diferença sem cair no abismo das diferenciações sem rumo.

III. Anotações à margem

Os ensaios aqui reunidos defendem a tese de que a imagem III.1
pictórica, mais do que informar algo sobre o imageado ou de evocar uma coisa ausente, se apresenta como jogo inscrito na própria imagem-suporte, de tal modo que, alterando o método de projeção que faz da imagem representação de algo, transforma essa mesma imagem num emaranhado estruturante de relações entre elementos visíveis com valor expressivo. Isso somente se torna possível quando se aprende a ver no próprio quadro, além do imageado refratado, partes que tendem a se constituir em jogos de linguagem não-verbal. Mozart costumava dizer que se limitava a juntar notas que se amam — mas esse amor não seria temperado por uma sintaxe e por uma semântica comprometidas com a história? Por isso procuro dar ênfase às peculiaridades da imagem pictórica, ao sentido particular que ganha ao ser usada para mostrar suas relações internas singulares, como sugestões de diferentes modos de ver. Por isso me vejo levado a distanciá-la seja da imagem como forma de transmitir conhecimento, seja da imagem literária, dominada pela necessidade de narrar.

Só posso assumir essa posição porque estou aceitando — pressuposto cuja validade espero ter mostrado por meus exemplos — que uma obra de arte é uma espécie de escrita muito particular, quase um hieróglifo invertido, que, ao explorar as formas de uma imagem se reportar a um imageado, inscreve no suporte regras condutoras do ver. Nessa qualidade, ela se constitui como espécie de gramática, linguagem *sui generis* que dita as regras de como ver adequadamente. Não estou por isso estabelecendo um ideal de beleza, mas tão-só reconhecendo que existem regras objetivadas nos objetos socialmente determinados que costumamos chamar de obras de arte. Essa designação, aliás, é tão fluida que hoje em dia designa meramente trabalhos realizados por pessoas que se identificam individual e socialmente como artistas. Os elementos do quadro se aliam ou se combatem conforme regras que o olhar reconhece como impostas por um artista conhecido ou anônimo.

É preciso, além do mais, tomar certas precauções para não cair nas armadilhas que o próprio funcionamento da linguagem arma no meio do caminho. Como qualquer regra gramatical, as regras pictóricas são empíricas ou normativas conforme sejam utilizadas. Verifico que, em geral, palavras proparoxítonas portuguesas são escritas com acento agudo na antepenúltima sílaba. Esse conhecimento pode ser usado como *critério* para que se avalie se uma palavra foi escrita correta ou incorretamente. Mas a linguagem pictórica não desenha estados de coisa possíveis que, uma vez postos como adequados, remetam a um mundo. Pelo contrário, antes de tudo ela é linguagem balbuciante, que vai tecendo suas regras conforme as partes do quadro, dos trabalhos executados por um autor, às vezes associado a outros, vão se enredando para fazer aparecer uma espécie de língua franca entre dois interlocutores de línguas diferentes. No caso da pintura, entretanto, por mais que a imagem sirva como

148

ponto de partida empírico, a semelhança entre a imagem e o imageado não se converte em critério do belo e do feio; pelo contrário, o objeto começa a ser dito belo quando o decalque que a coisa deixaria no suporte passa a ser transformado. Mas desde logo é preciso notar que o entendimento de um objeto de arte, a captura de como suas regras remetem a algo que vai além delas mesmas, não procede da mesma forma segundo a qual uma proposição remete a um estado de coisa. Não é porque a imagem de uma garrafa, pintada por Morandi, é semelhante a uma garrafa ornamentada de nosso mundo cotidiano que ela é dita bela, mas porque, embora ainda afigurando uma garrafa, ela faz ver aspectos da coisa que em geral são de tal modo apresentados que nunca poderiam ser vistos nela mesma. E tais transformações armam os sentidos da imagem de uma garrafa, que dois estranhos, mais especificamente o pintor e o espectador, estão construindo a fim de que todos se mostrem como sujeitos expressivos, capazes de mostrar sentimentos comuns e diferentes.

Por isso a busca de uma gramática da pintura não visa desenhar um discurso *sobre* ela como um todo, apenas aponta a necessidade de se deixar levar por alguns suportes, a fim de que eles evidenciem como suas partes se constituem em imagem de... Mesmo quando pode servir ao pintor e ao espectador de ponto de partida, a semelhança entre a imagem e o imageado não se torna elemento do critério pelo qual o objeto é dito belo ou feio. O processo empírico de construção da imagem e do aprendizado de sua leitura apenas prepara o terreno para que se vejam suas partes tecidas por regras de transformação. O sentido da imagem se transforma, pois, à medida que está sendo usada de forma diferente. Compreende-se porque, deste meu ponto de vista, se a arte se liga a regras do fazer, aquelas do pintor ou do escultor num determinado período da história, não é

149

por isso que o juízo estético passa a depender de uma *poiesis*, uma forma de trabalho que deixa algo no mundo. Por certo a arte não existe se não houver uma obra feita (ainda que este feito deva ser destruído), mas esta serve tão-só de ponto de partida para uma *práxis* do olhar, de seu exercício para que elementos da imagem se tornem momentos de sentidos que estão sempre querendo exprimir o não-visto quando se vê, o impensado quando se pensa. Nunca, porém, o invisível como tal ou o impensado como tal, mas tão só este ou aquele invisível, este ou aquele impensado que está colado ao ver e aos processos de pensar determinadas obras. Nunca a mimese como forma de conciliar o sensível e o pensável, porque entre ambos se infiltra uma quantidade de objetos feitos cujo uso, entretanto, apenas faz ver *de uma determinada maneira*. Do mesmo modo, não há por que imaginar que esta ou aquela obra de arte, ligando de fato o sensível e o pensável, esteja ali como representante do espírito de um povo ou porque reúne processos conscientes e inconscientes. Ao contrário do que ensinavam os idealistas alemães, esse vínculo do pensável e do sensível nada mais é do que um entre outros jogos de linguagem não-verbais criados pela imagem e solidários a ela.

Isso ficará mais claro se conseguir marcar as fronteiras de outras maneiras de considerar o belo. No seu último livro, Jacques Rancière distingue três regimes de pensar especificamente a imagem segundo uma relação específica entre práticas, formas de sensibilidade e modos de inteligibilidade. O primeiro trata a imagem no seu uso cotidiano e coletivo, e por isso é chamado de regime ético. O segundo inclui as imagens na categoria específica da imitação — a *Juno Ludovisi*, na sua qualidade de produto do trabalho de um escultor, merece o nome de arte porque, de um lado, impõe uma forma a uma determinada matéria, de outro, porque cria uma aparência, conjugando traços imaginários da divindade com arquétipos de feminilidade etc. Finalmente, no terceiro, uma estátua abstrata nomeada *Juno* ou o *Vir Heroicus Sublimis* de Barnett Newman já não são chamados de obras de arte, pois estabelecem uma relação entre a obra do escultor e uma idéia adequada da divindade e dos cânones da mimese da representação. Existem como arte porque se referem a distinções no modo de ser sensível, a certa forma de apreensão desse sensível:

A estátua é uma "livre aparência". Assim ela se opõe duplamente a seu estatuto representativo; não é uma aparência referida a uma realidade que lhe serviria de modelo; nem mesmo uma forma ativa imposta a uma matéria passiva. É uma forma sensível, heterogênea em relação às formas ordinárias da experiência sensível marcadas por essas dualidades. Ela se dá numa experiência específica que suspende as conexões ordinárias não somente entre a aparência e a realidade, mas também entre forma e matéria, atividade e passividade, entendimento e sensibilidade.[36]

Eu subscreveria essa passagem. Rancière lembra, ainda, que esta forma nova de "partição do sensível" é resumida por Schiller sob o termo "jogo", atividade que não possui outro fim que si mesma e que serve para Kant caracterizar o juízo estético como finalidade sem fim, livre jogo das faculdades, capaz de suspender o poder cognitivo do entendimento que determina os dados sensíveis segundo as categorias, assim como de bloquear o poder da sensibilidade de impor objetos ao desejo. Ora, a idéia normativa kantiana se resume numa representação e a Idéia hegeliana só foge ao império dessa representação porque se constitui como discurso sistemático que não escapa de si mesmo. No entanto, desde que se atribua à idéia estatuto dis-

36. Jacques Rancière, *Malaise dans l'esthétique* (Paris: Galilée, 2004), pp. 44-5.

cursivo, cujas normas, contudo, podem se apresentar como elementos do mundo cotidiano postos para determinar comportamentos adequados e inadequados, desaparece a necessidade de entender o objeto de arte em conexão com a mimese ou com uma peculiar partição do sensível. No primeiro caso porque, embora a imagem possa ser construída segundo a semelhança e os métodos projetivos imitativos, nem por isso ela *deve* encarnar uma forma, um ideal de feminilidade, de humanidade vindoura e assim por diante. Simplesmente conduz o ver para que ele seja desviado para o *ver como,* isto é, para aspectos da própria imagem, figurativos, representativos ou não, cujos respectivos relacionamentos tratam de exprimir aquela aura que circunda todo significado verbal. Desse ponto de vista, é a transformação dos procedimentos costumeiros da linguagem que abre o espaço para as artes. Noutras palavras, se a linguagem declarativa, mimética, fosse capaz de exprimir como os ideais de feminilidade, de humanidade originária ou futura poderiam ser expressados diretamente, incluindo, ademais, a aura de indefinições que garante o emprego desses conceitos e sugere novos caminhos do porvir, ela não precisaria ser transformada em poesia. No entanto, essa transformação somente pode ser operada por um *pensamento* não-verbal, que, em vez de partilhar o sensível segundo certos regimes, elabora aspectos do mundo cotidiano para lhes conferir uma sintaxe.

Mas com isso se perde a unicidade do exprimível por cada obra de arte; se uma delas ou várias semelhantes, feitas segundo estilos *retorcidos,* partilham o sensível, elas o fazem para discriminar e relacionar elementos relativamente simples, capazes de balbuciar sentidos. Se a obra de arte nem sempre foi vista dessa maneira, o modo pelo qual elas foram feitas não abriga essa nossa maneira de ver? Não há dúvida de que os gregos julgavam suas obras de arte segundo os padrões da mimese; que os pintores se compraziam em se enganar mutuamente criando imagens tão semelhantes ao imageado que passavam a ver tão-só esse imageado, em vez dos aspectos da imagem. Mas a gramática do verbo grego *eido* (ver) comporta as duas dimensões que marcam a gramática de nosso verbo "ver", ver algo e ver como, matriz de qualquer imagem e representação, de sorte que, no seu julgamento na base da mimese, já estava inscrita a diferença entre ver e ver o aspecto, entre o imageado e a imagem, que serve de ponto de partida para nossos juízos estéticos. A palavra *eido* associada às coisas transformadas em esculturas e pinturas tacitamente desenha o terreno em que se exercita o jogo do belo e do feio. O que importa é que se encontram no mundo estátuas afigurando deusas, exemplares de deuses africanos etc. que podem ser percebidos e pensados pelo jogo do ver e do ver como. Até mesmo utensílios como a pá e o urinol podem ser colocados numa situação em que passam a ser vistos como imagens deles mesmos; do mesmo modo que, ao contemplar um pôr-do-sol, nós o retiramos do contexto em que se insere usualmente no horizonte para nele ver apenas a harmonia de suas partes. Desse ponto de vista, toda obra de arte é sublime, não porque nos apresenta algo de grandeza incomensurável, mas porque se dá como emaranhado de sentidos que não podem ser referidos *como algo*.

Não creio, portanto, ser possível deixar de lado a polaridade da imagem e de seu imageado. Não é porque a imagem televisiva tem luz própria que vale considerá-la apenas como imagem sem qualquer outra alteridade. A imagem sempre tem seu outro; nisso sigo os passos de Rancière. Não creio, porém, que esse outro possa às vezes resumir-se a uma semelhança dessemelhante que ele nomeia aqui-semelhança, no sugestivo livro *Les destin des images*, em que estuda antes de tudo a imagem cinematográfica, essencialmente narrativa.[37] A esse nome cor-

---

37. Jacques Rancière, *Le Destin des images* (Paris: La Fabrique, 2003).

responde aquele relacionamento pelo qual o Pai se torna seme-lhante ao Filho, o criador, ao criado, a própria coisa se encontrando face a face com o corpo glorioso da comunidade. Funde, assim, a imagem e o imageado, o que caracterizaria um regime estético muito semelhante àquele que Gadamer aponta quando aproxima a semelhança artística ao modo pelo qual Jesus reside na eucaristia.[38] Mas em que consiste esse acréscimo de ser que marca a essência da obra de arte? Por que fazer desse acréscimo um ser, ainda que transubstanciado, quando é possível transformar esse ser num discurso tácito, numa linguagem indireta, que vale pelo que diz, e não pelo que apresenta?

III.2   Tudo isso nos leva a repensar a questão da aura. Walter Benjamin a estuda em diversos momentos de sua obra, mas não convém traçar a história dessas variações, já que, sobre esse assunto, a literatura é vasta, e contamos no Brasil com trabalhos de excelente qualidade. Tentarei apenas desenhar uma espécie de esquema que, com as modificações devidas, nos sirva de vago roteiro para uma reflexão sobre o seu sentido. Lembremos que Benjamin parte de considerações de Paul Valéry sublinhando o caráter inesgotável da obra de arte, impossível de ser capturada por uma idéia ou num só ato, e termina por traduzir esse traço como presença de uma ausência. Mas a mera descrição fenomenológica, que no fundo reproduz uma das características da imaginação, apenas prepara o terreno do pensar. Retomemos uma das primeiras definições de aura: "única aparição de uma realidade longínqua, por mais próxima que ela esteja", que, como o próprio Benjamin esclarece, invoca um conceito teoló-

---

38. Hans-Georg Gadamer, *L'Actualité du beau* (Paris: Alinéa, 1992).

gico, fórmula que transfere o valor de culto para as categorias de espaço e de tempo.[39] Desse ângulo, também objetos naturais possuem aura. Examinar a fundo esse ponto nos levaria ao estudo das diferenças clássicas entre o belo e o sublime, mas, para não nos perdermos no meio do caminho, atentaremos apenas para esse jogo da presença e da ausência que respira no dado. Que tipo de percepção e de pensamento ele implica? Benjamin não se cansa de salientar o caráter histórico da percepção como tal, sempre ligada às transformações do tempo e do espaço provocadas pelo desenvolvimento da civilização. A perda da aura estaria ligada, pois, àquelas profundas mudanças que a nova sociedade industrial capitalista e de massa traz para a vida cotidiana. Isso não se torna evidente com os novos usos da imagem que o cinema registra exemplarmente? Se o pintor ainda se comporta diante de cada objeto como uma espécie de curandeiro, preocupado com sua integridade, o fotógrafo e sobretudo o cinegrafista moldam a percepção graças ao uso cada vez mais sofisticado de equipamentos técnicos. Por meio deles retiram das coisas seu invólucro, penetrando-as como cirurgiões:

> O pintor observa em seu trabalho uma distância natural entre a realidade dada e ele próprio, ao passo que o cinegrafista penetra profundamente nas vísceras dessa realidade. As imagens que cada um produz são, por isso, essencialmente diferentes. A imagem do pintor é total, a do operador é composta de inúmeros fragmentos que se recompõem segundo novas leis. Assim, a descrição cinematográfica da realidade é para o homem moderno infinitamente mais significativa que a pictórica, porque ela lhe oferece o que temos de exigir da arte: um aspecto da realidade

39. Cf. "A obra de arte na era de sua reprodutibilidade técnica", in *Os pensadores* (São Paulo: Abril, 1980), vol. XLVIII, p. 16, n. 1.

livre de qualquer manipulação pelos aparelhos, precisamente graças ao processo de penetrar, com os aparelhos, no âmago da realidade.[40]

Curioso esse elogio da imagem cinematográfica: seu valor lhe advém da ilusão de apresentar algo, como se essa apresentação, tendo mergulhado no objeto, voltasse ao estado de uma percepção marcada por aquela distância que o culto cria entre nós e os deuses. Se a beleza passa a ser ligada ao uso da imagem, é para ir à procura daquela imagem de uso puro. Mas por que exigir da obra de arte que nos apresente um aspecto da realidade livre de qualquer manipulação instrumental? Além do mais, ao reconhecer que toda imagem artística é *construída*, o que resta dessa tese? É curioso que tais considerações se pareçam aos argumentos de Leonardo, que, para valorizar a pintura na qualidade de conhecimento, precisa desvalorizar a escultura, visto que esta depende de instrumentos invasores da realidade e, assim, termina por marcar o escultor com o defeito mecânico. Ora, todas essas elucubrações desaparecem quando se lembra que as imagens da pintura e da escultura são formadas mediante um *método de projeção construído* que nelas rebate aspectos do real, transfigurando-os. Sem essa projeção não existe obra de arte plástica, como comprova, aliás, um *ready made*, que, ao retirar o objeto de seu uso cotidiano, o apresenta sem uso. Nesse caso, o método de projeção se reduz a uma alteração de uso *vista* na coisa apresentada. Mas, no lugar desse método, Benjamin continua pressupondo uma semelhança arcaica, como se imagem e imageado pudessem estar fundidos na origem dos tempos.

No cinema essa ambigüidade se evidencia ainda mais. Essa

---

40. "A obra de arte na era de sua reprodutibilidade técnica (1ª versão)", in *Obras escolhidas* (São Paulo: Brasiliense, 1985), vol. I, p. 187.

arte, a despeito de ser a mais adequada à vida atribulada da cidade contemporânea — onde os indivíduos se chocam uns com os outros, embora coabitando na indiferença —, produz resultados divergentes: de um lado, contribui para ampliar o conhecimento da sociedade capitalista e de massa, de outro, submete a imagem a uma finalidade e a uma razão calculadora que tende a retirar dela sua originalidade, marcada pelo jogo da presença e da ausência característico da aura. As histórias da fotografia e do cinema não narram essa tendência que ameaça os valores estéticos das obras? O valor de culto delas se seculariza à medida que a imagem vem a ser posta em função de uma técnica que, em vez de alimentar a harmonia do homem com a natureza, submete-a ao poder do capital.

Nas obras cinematográficas, a reprodutibilidade técnica do produto não é, como no caso da literatura ou da pintura, uma condição externa para sua difusão maciça. *A reprodutividade técnica do filme tem seu fundamento imediato na técnica de sua produção. Esta não apenas permite, da forma mais imediata, a difusão em massa da obra cinematográfica, como a torna obrigatória. A difusão se torna obrigatória porque a produção de um filme é tão cara que o consumidor, que poderia, por exemplo, pagar um quadro, não pode mais pagar um filme.*[41]

Desse modo, seu conteúdo se torna mais indeterminado, perdendo contato com as contradições da sociedade contemporânea, para cair sob as garras da indústria cultural. Mas esse efeito negativo é compensado pelo aumento de seu valor de exposição, que faz do cinema, por assim dizer, a pele onde se *reconhecem* as mazelas da sociedade contemporânea. Mas se,

41. Idem, p. 172.

em geral, a obra de arte perde aura, em contrapartida ela amplia seu alcance social, pois a nova atividade artística está sempre à procura de objetos belos para serem reproduzidos e comercializados. Além do mais, se ela se distancia progressivamente do culto e do ritual, também se confirma como meio de socialização e de poder, isto é, como meio político. Daí a conclusão: se o nazismo estetizou a política, a tarefa agora consiste em politizar a arte.

Não é difícil detectar nesse movimento de prós e contras alguns ecos da tese hegeliana segundo a qual, no mundo contemporâneo, as idéias artísticas perdem força à medida que aumenta o alcance do conhecimento e da filosofia, ainda que não se faça aqui nenhuma referência a uma dialética do Absoluto. Por isso, o nervo do problema passa a ser o uso e o funcionamento da própria imagem, cujo valor de culto diminui conforme aumenta o valor de exposição. "A produção artística começa com imagens a serviço da magia. O que importa, nessas imagens, é que elas existem e não que sejam vistas."[42] Mas como Benjamim entende seu existir? Como resultado de uma atividade natural do homem: a imitação, pois o ser humano naturalmente cria imagens e, por isso mesmo, *produz* semelhanças.

O que ele entende, porém, por semelhança? Esse conceito é explicitamente tratado no ensaio "A doutrina das semelhanças", que, embora muito curto, parece-me trazer a chave da questão.[43] Vale a pena reproduzir os passos principais de seu argumento. Tocar na esfera do "semelhante", diz ele, nos leva a melhor avaliar formas de saber, insólitas para nós, que, em vez de considerar os fenômenos segundo a regularidade de suas leis de movimento, apóiam-se em semelhanças muitas vezes esdrúxulas. Esses saberes não estariam ancorados numa faculdade mimética natural a

---

42. Idem, p. 173.
43. In *Obras escolhidas*, ed. cit., vol. I, pp. 108-13.

todos os seres humanos? Já quando crianças eles a exercitam, brincando de comerciante ou médico, mas igualmente de moinho de vento e de trem. No entanto, se brincar de médico imita as atitudes e os comportamentos desse profissional, que semelhança existe entre a conduta da criança e o trem? Voltemos, porém, ao plano mais geral dos saberes por semelhança. Como os antigos poderiam ver no céu estrelado um urso ou um escorpião? Somente se aceitassem o princípio de que processos celestes seriam imitáveis individual e coletivamente, sendo que essa imitabilidade conteria prescrições para o manejo de semelhanças preexistentes. Somente assim a astrologia asseguraria seu caráter experimental, capturando certos aspectos que a astronomia científica não pode mais reconhecer. Mas admitir a visão de tais aspectos implicaria transformar nossa própria noção de ver, pois ela passaria a ser capaz de captar uma semelhança não-sensível (*unsinnliche Ähnlichkeit*), associando, num relâmpago e brevemente, elementos que para nós nunca estariam próximos. No entanto, no decurso de nossa história, essa energia, essa faculdade mimética teria perdido sua força, embora continue intacta na linguagem, ao menos para os analistas mais perspicazes. Benjamin passa então a pressupor uma espécie de linguagem adâmica, onde os nomes, além de corresponder diretamente às coisas, ainda traçam certas configurações delas, a exemplo da escrita hieroglífica. Esse jogo de imagens atualmente se manifesta, sobretudo, na relação da palavra sonora com a palavra escrita, já que a moderna grafologia ensinou-nos a identificar na escrita manual imagens, ou antes, quebra-cabeças, que o inconsciente de seu autor nela deposita. É de supor que, nos tempos recuados em que a escrita se originou, a faculdade mimética, exibindo-se na atividade de quem escreve, tenha sido extremamente importante para o ato de escrever: "Essa dimensão — mágica, por assim dizer — da linguagem e da escrita não se desenvolve isoladamente de outra dimensão, a semiótica. Todos os elementos miméticos da linguagem constituem uma intenção fundada, isto é, eles só podem vir à luz sobre o fundamento que lhes é estranho, e esse fundamento não é outro que a dimensão semiótica e comunicativa da linguagem. O texto literal da escrita é o único e exclusivo fundamento sobre o qual pode formar-se o quebra-cabeça (*Vexierbild*). O contexto significativo contido nos sons da frase é o fundo do qual emerge o semelhante, num instante, com a velocidade do relâmpago".[44]

Se bem compreendo essas passagens, Benjamin imagina que, num lampejo, ainda se percebe uma semelhança extra-sensível entre a palavra escrita e a palavra oral que, se não comparece na superfície dos fenômenos, transparece no seu fundo arcaico. Essa dimensão mágica da palavra se desenvolve juntamente com suas relações com as coisas, a dimensão propriamente semiótica, na qual tanto uma palavra como sua correspondente em outras línguas remetem mimeticamente à mesma coisa. O som *mesa* e a palavra escrita "mesa" mantêm entre si uma semelhança extra-sensível que, por sua vez, captura aquele fenômeno originário que faz com que "mesa" e "*table*" designem a mesma coisa.

É sintomático que autores ligados à tradição fenomenológica, para explicar certas imagens, terminem por invocar um fenômeno oculto e arcaico que rapidamente foge da aparência e do visível. *Mutatis mutandis*, não é o que faz Michel Foucault na sua análise de Magrittte (cf. I.3)? Mas continuemos a duvidar de Benjamin. Por mais que reconheçamos a importância das dimensões miméticas da linguagem, por mais que a tese da convencionabilidade dos signos possa hoje em dia ser posta em questão, seu ponto de partida implica retirar da linguagem sua dimensão fonológica, impossível de ser desprezada depois dos

44. Idem, p. 112.

160

trabalhos de Saussure no início do século passado. E nesse plano a semelhança é indissociável da diferença, pois os fonemas se constituem pela diferença de seus traços pertinentes, o que introduz uma diferença, uma forma tácita de *pensar*, fora do alcance de qualquer mimese. Somente graças a essa dualidade entre semelhança e diferença é que se distinguem no vocábulo "mesa" os fonemas *me* e *sa*, na base de suas diferenças contrastantes com, por exemplo, as palavras "musa" e "muda". Por sua vez, essa diferenciação somente se faz se a identidade de um sentido for pressuposta, por mais fluida que ela seja. Cabe notar que, assim, a linguagem se mostra dotada de uma estrutura sincrônica em que os elementos passam a ser definidos no cruzamento de suas relações possíveis. Que os lingüistas contemporâneos coloquem em dúvida a distinção saussuriana entre "*langue*" e "*parole*", que procurem uma dinâmica temporal nessa estruturação pela diferença; nem por isso podem deixar de distinguir esses dois aspectos da linguagem, o sintático e o semântico-pragmático. Ora, é somente graças a essa articulação pela diferença que se torna possível transcrever a palavra oral para a palavra escrita na base de um número limitado de caracteres. Nesse processo a mimese não tem nenhuma função.

É de notar que, entre a palavra oral e a palavra escrita, Benjamin percebe uma transfiguração a que empresta o nome de "*Vexierbild*", precisamente a palavra que Wittgenstein emprega para designar a figura do pato/lebre, isto é, aquela imagem ambígua que remete a patos e a lebres conforme a *técnica* aprendida de distinguir tais objetos. Em que medida o bico do pato é semelhante às orelhas da lebre? Ao contrário do que pensa Benjamin, a semelhança não está nos animais imageados, mas na própria imagem que sublinha aspectos irrelevantes na vida cotidiana. É a *construção* da imagem que aponta para uma semelhança do bico e das orelhas que sem ela poderia passar inteiramente despercebida, pois não tem nenhum valor na prática cotidiana. E tal semelhança não é o conteúdo de uma percepção extra-sensível, mas simplesmente o que a imagem *mostra* segundo seu modo de construção. Quando Picasso toma o selim e o guidão de uma bicicleta para compor a *imagem* da cabeça de um touro, não está imaginando existir entre ela e o animal uma semelhança arcaica que um açougueiro cuidadoso haveria de descobrir. Como tantos outros enganos da metafísica, Benjamin transfere propriedades da imagem para o ser do imageado, graças a uma faculdade mística. As crianças brincam de médico ou de trem, mas ao imitar o trem simplesmente transformam alguns de seus gestos numa imagem que lembra o trem, por seu barulho, pelo movimento das rodas e assim por diante. Noutras palavras: ver algo não equivale a ver esse algo no jogo de ver algo como algo. Vejo Pedro e *digo* que vejo a mesma pessoa no retrato dela, mas a foto compõe aspectos de Pedro que nem sempre percebo a olho nu.

As mudanças de aspectos inscritas na gramática do verbo "ver" são interpretadas, por Benjamin, como uma semelhança oculta, descoberta por uma filogenia imaginária. Por isso aquela prontidão para o pensamento inscrita na variação de aspecto passa a resultar dos mecanismos involuntários da memória. Mas como reduzir as mudanças de aspecto a um ato passivo e involuntário? Vendo um pato, não posso querer ver outra coisa que o pato, mas ao ver sua imagem posso querer ver o pato ou o desenho que o apresenta. Para Wittgenstein, se a imaginação trabalha com *figuras* dos objetos do mundo, essas operações não podem ser resumidas ao jogo mimético de uma faculdade capaz de apresentar o percebido ausente. Por isso, em vez de invocar uma história passada do *sensorium* humano, atenta para as técnicas presentes que nos permitem, numa dada cultura, distinguir patos, galinhas, lebres, coelhos etc., que se tornam necessárias para que se possa *falar* de tais objetos e construir suas respectivas imagens.

Para nos convencermos de que, na história da espécie humana, houve momentos em que se pensava predominantemente pela semelhança, basta examinar o primeiro capítulo de *As palavras e as coisas*, de Michel Foucault; mas até quando esse pensamento é percepção extra-sensível, vale dizer, percepção que não é percepção? Benjamin extrapola e recorre a uma semelhança adâmica para interpretar o pensamento selvagem no âmbito de uma faculdade mimética, subjacente à arte e ao conhecimento. Nesse ponto estaria se associando àqueles antropólogos que, situando o discurso selvagem aquém do princípio da contradição, necessitam pressupor uma identidade mística entre a identidade do indivíduo e da coisa. Depois de Lévi-Strauss, sabemos que o bororo não se identifica com uma arara porque percebe uma semelhança entre ele e o animal, mas simplesmente porque necessita da diferença entre a arara e o jaguar para marcar uma diferença social, que não se inscreve em seus corpos naturais e nos seus comportamentos mais elementares. Daí resulta que, ao descrever o aspecto mimético da arte e do conhecimento, Benjamin vê semelhanças cujas diferenças, sendo descartadas, somente podem ser *ditas* do ponto de vista da própria semelhança. Não há dúvida de que esse pensamento selvagem convém às mil maravilhas para descrever semelhanças entre aspectos das obras de arte e aspectos da realidade social, como faz Benjamin ao apontar ecos da vida parisiense nos poemas de Baudelaire. Mas as semelhanças entre a estrutura do poema-imagem e a imagem das passagens parisienses, construída por Benjamim, apenas servem para melhor entender o poema, sem que com isso sempre se entendam melhor os meandros da cidade.

O engano de transferir para o real propriedades estruturais do jogo entre a imagem e o imageado se consuma quando se considera um processo histórico como o desdobrar dessa semelhança arcaica. A arte deixa então de ser prontidão para o pensamento e se associa ao momento daquela história da razão que narra o combate do conceito, congelado numa identidade, contra a mimese criadora: "A educação social e individual reforça nos homens seu comportamento objetivante enquanto trabalhadores e impede-os de se perderem nas flutuações da natureza ambiente. Toda diversão, todo abandono tem algo de mimetismo. Foi se enrijecendo contra isso que o ego se forjou. É através de sua constituição que se realiza a passagem da mimese refletora para a reflexão controlada. A assimilação física da natureza é substituída pela 'recognição do conceito', a compreensão do diverso sob o mesmo, o idêntico. A constelação, porém, na qual a identidade se produz — a identidade imediata da mimese assim como a identidade mediatizada da síntese, a assimilação da coisa ao ato cego de viver, assim como a comparação dos objetos reificados na conceitualidade científica —, continua a ser a constelação do terror".[45] Argumentação feita na base de livres associações, que "bricola" como o pensamento de um bororo, mas é indigna da lógica subjacente a ele.

III.3   Voltemos ao curso de nossas reflexões. Não estou me esquecendo de que esta minha tese contraria o *Tractatus* de Wittgenstein, para o qual o sentido do mundo se mantém perfeitamente indiferente ao que está além dele, em particular aos valores estético-morais. Daí a impossibilidade de que tais valores tenham sentido. O místico não é o *como* do mundo, o *como* determinante dos sentidos; o místico é *que* o mundo seja.[46] Mas esse livro

---

45. Theodor Adorno & Max Horkheimer, *Dialética do esclarecimento* (Rio de Janeiro: Zahar, 1985), p. 169.

46. Cf. *Tractatus*, 6.4 e ss.

não leva ao limite a idéia que de que a linguagem vem a ser figuração de estados de coisa, imagem, *Bild,* que se *mostra* a fim de que nomes e objetos simples possam manter uma relação mimética, na medida em que ambos apresentariam as mesmas possibilidades e impossibilidades de se vincularem entre si? Se a noção de jogo de linguagem coloca em xeque a dualidade entre mundo e linguagem, se dissolve a própria noção de sentido como gênero abarcando todas as suas espécies, então os "valores" estéticos e éticos não poderiam ser ditos, ao menos balbuciados à sua maneira? Tal esforço nada teria de mimético.

Convém, pois, retomar o jogo de linguagem definindo a gramática do verbo "ver", atravessada pela dialética do *ver algo* e do *ver como,* para examinar em que medida ela subverte o sentido tradicional da imaginação e, por conseguinte, da própria idéia de semelhança e de imagem. Um padrão somente se mostra como tal conforme vai sendo aplicado, pois não há padrão fora do exercício de sua aplicação. É no uso conjunto de um padrão, que não precisa ser estritamente o mesmo, que dois aplicadores se entendem. O acordo se tece porque ambos estão julgando, cada um aplicando um padrão que configura sua mesmidade ao longo do processo de julgar. Lembremos ainda que não é o nome de uma cor que remete ao real, mas todo o espectro de cores de uma dada comunidade.[47] Se medirmos a mesma distância em metros e obtivermos o mesmo resultado, desprezando as diferenças irrelevantes para nossos propósitos, terminaremos nos pondo de acordo a respeito de como esse padrão de medida se reporta à distância medida. Apenas definir esse padrão, contudo, não fornece acordo nenhum. Permaneceríamos no nível da opinião e dos significados, sem o trabalho da intersubjetividade aprendida e pressuposta pelo funcionamen-

---

47. Cf. *Philosophische Untersuchungen* (Frankfurt: Suhrkamp, 1984), § 241.

to da linguagem. Por isso devemos pensar o metro pronto para se configurar conforme passa pelas vicissitudes do processo de mensuração. Por sua vez, essa prática depende de uma *forma comum* de viver e de hábitos *institucionalizados*. Sem essa forma não há comunicação, entendimento possível. Mas cabe ter o cuidado de lembrar que a atividade conjunta de indicar a pedra instala um jogo de linguagem muito primitivo, muito distante da amplidão dos labirintos da linguagem cotidiana. Por isso, cabe ter todo o cuidado para não generalizar a partir de casos muito simples.

Examinemos melhor essa questão da forma comum que se inscreve no mundo da vida dos habitantes do universo. Nada assegura que um veja uma pedra do mesmo modo que outro, mas algum *aspecto* comum há de ser pressuposto e posto entre eles, seja porque se puseram de acordo, seja porque esperam continuar a se pôr de acordo nas condições dadas. Ambos estão aprendendo a técnica de *ver* ao menos uma pedra *como* figura ambígua, coisa e critério ao mesmo tempo, tal qual aquela do pato/lebre tão comemorada. Nada assegura que um veja uma pedra do mesmo modo que outro, mas algum *aspecto* comum há de ser pressuposto entre eles, seja porque se puseram de acordo, seja porque esperam continuar concordando na aplicação do "mesmo" critério para discriminar pedras de não-pedras. Ora, qual *deve* ser a identidade desse aspecto? Suponhamos que um deles ressalte na pedra o que chamamos de dureza, e o outro, a tessitura — hipótese-limite, já que pressupõe uma forma de vida comum, mas que tem a virtude de mostrar o funcionamento da diferença dos aspectos. Enquanto não se criar a necessidade de diferenciá-los, vale dizer, enquanto não aparecerem discrepâncias no ato de julgar, o aspecto seria o que nós nomearíamos de tessitura-dura. É *sob esse aspecto* que as coisas são vistas para serem designadas como pedras. No entanto, o próprio processo de julgar se faz variando esse aspecto no sentido da concordância ou da discordância. Essa técnica de variação de aspecto, no caso aprendida ao longo do próprio julgamento, se converte em pressuposto a fim de que a *coisa* pedra seja usada como *critério* a definir o que é pedra na base da presença ou da ausência daquela propriedade que nós chamamos de tessitura-dura. É de notar que propositadamente não estou indicando determinações da pedra segundo os esquemas normais de nossa percepção humana, pois o que nos importa agora é a emergência do aspecto que se tece no ato de julgar. Observe-se ainda que, como critério, a coisa pode ser substituída por sua *imagem,* desde que ambas participem de alguma semelhança que se tornou funcional nesse diálogo.

Como dois habitantes do universo se ajustam para ressaltar a propriedade tessitura-dura? Depende de como ajustam suas intenções. Se um não perguntar ao outro o que entende por essa propriedade, em resumo, por seu sentido, é bem possível que ambos utilizem esta ou aquela pedra simplesmente para alcançar seus objetivos. Um poderá bater uma pedra na outra, com o intuito de provocar ruídos que seduzam ou repilam o outro. Mas esses ruídos sedutores ou repelentes podem ser usados de tal maneira que, em vez de cumprirem suas funções normais, sirvam para provocar comportamentos associados, quando do um age *como* se estivesse seduzindo e o outro repelindo e vice-versa. A imagem não é a ausência de uma coisa ausente, mas o modo de juntar aspectos da ação de ambos de uma forma inédita que inverte a violência primitiva e a transforma num processo de associação. Não é assim que passam a dançar junto? Cada um sabe discriminar uma pedra da outra e as pedras em geral das outras coisas, mas esse saber não faz parte do jogo de linguagem da dança, mas daquela forma de vida que acabaram construindo por terem vivido uma situação em comum, a sedução e a repulsa. Essa antropologia fantástica nos mostra que um jogo de linguagem não precisa se armar imitando uma situação *dada*, nem conhecendo seus elementos, como se os interlocutores primeiramente *formulassem* o que é uma pedra para em seguida dançarem ao som da percussão delas. O conhecimento é tácito, constituído como condição necessária do jogo da dança à medida que ele mesmo se configura. Não consiste, portanto, numa representação da pedra necessária à dança, mas numa condição para que uma possa ser batida contra outra e marcar certo ritmo. Quando o *que é* a pedra vem a ser apontado, ou melhor, *como* essa coisa se distingue das outras coisas, então o jogo da dança ampliou seu sentido, a variação de estatuto lógico desse saber configura novo jogo.

Seguem-se duas conclusões importantes. Em primeiro lugar, ao contrário do que se crê freqüentemente, o saber e o conhecer não *fundam* outras formas de expressão. Um sistema de signos não precisa se assentar no conhecimento do que venham a ser esses signos. Daí a possibilidade de configurar e utilizar imagens independentemente do conhecimento de seus elementos. Os dois habitantes do Universo dançariam sem precisarem estar de acordo a respeito da *definição* da pedra. Não se torna assim possível uma arte visual que não brote da semelhança entre a mão e a imagem que ela deixa na areia, ou da presença *mimética* da coisa ausente? Não é, por fim, o que nos mostra um quadro abstrato? Em segundo lugar, um sistema de signos constitui um *jogo* de linguagem pórque cada um de seus termos não se reporta a seus objetos possíveis na base de uma abstração que retiraria de tais objetos uma matriz de identidade. Já que é possível uma dança sem que as pedras sejam definidas e tidas como passíveis de conhecimento, nada impede que essa pedra esteja ligada àquela por uma semelhança que não é estritamente a mesma que liga essa segunda a uma terceira e assim por diante. É possível que entre os casos de uma regra se teça apenas uma semelhança de família, sem que se possa salientar aquele aspecto a percorrer todos eles. Em resumo, nada nos obriga a pensar as artes plásticas a partir de uma semelhança qualquer entre coisa e imagem, mas tudo nos leva a crer que se armam a partir da *construção* de imagens que, embora se reportando a um imageado, não necessitam pressupor que ele seja originalmente idêntico. É o que sabemos desde o cubismo, pois duvido que alguém venha a descobrir uma única imagem de um violão, alinhavando todos os aspectos cujo *jogo* nos traz a beleza do quadro. Em contrapartida, não nos parece que o artista venha a ser uma espécie de ser extramundano, sempre operando para que se criem linguagens nas arestas do mundo?

Encontra-se no Museu do Cairo uma estátua enorme e III.4 estranha. Vemos uma criança sentada, chupando o dedo, sob a proteção do deus-falcão Hórus. De frente, percebe-se a cabeça meio recoberta por um véu dobrado, semelhante àquele que cobre por inteiro a conhecida máscara de Tutancâmon. A forma do véu e a cobra instalada na testa são insígnias dos faraós. Mas de acordo com as convenções do Antigo Egito, eles sempre haveriam de ser representados no esplendor de sua força e na graça de sua juventude madura. O que poderia então representar essa imagem portando as insígnias reais? Sabe-se que a criança chupando o dedo, a cobra, os ramos que o menino real segura na mão direita são hieróglifos conhecidos, isto é, figuras representando algo pela semelhança, mas igualmente o som do nome desse algo, assim como as significações que giram em torno da nomeação. Combinando os sons dos três hieróglifos inscritos na estatua compõe-se outro hieróglifo cujos sons conformam a palavra "Ramsés", nome dado a alguns faraós da XIX e da xx dinastias. Conclui-se que a estátua colossal é ela mesma um hieróglifo, de sorte que a imagem passa a funcionar em dois registros: a imagem da estátua como um todo representa uma criança carregada de símbolos, enquanto suas partes, imagens parciais integradas nesse todo, compõem um nome próprio.

Não é, entretanto, porque trama dois planos significantes que a estátua é dita bela. Uma horrorosa cópia vendida numa loja cruzaria os mesmos planos, mas não despertaria nenhuma admiração. Mas se a beleza está na sua forma, ela há de se armar a partir do que na coisa se *vê* como elementos relacionando-se entre si, num jogo de decompor e compor o visto. Num primeiro momento, ela se apresenta no jogo das formas da face, do corpo, dos ornamentos, mas esse primeiro julgamento explode quando se vem a saber que a estátua é ela mesma o nome "Ramsés" escrito noutro registro.

A escultura não narra uma história, como o faz *O verão* de Poussin, representação de algo dotado de vários sentidos, mas ela é, como tal, escrita narrativa, graças a uma sinuosa semelhança entre a imagem e o imageado. Sabemos que a pintura egípcia visa sobretudo narrar o que acontece com os seres humanos na convivência que mantêm entre si, sempre mediada pelos deuses, e por isso se submete a códigos muito precisos, que perduraram sem grandes modificações por mais de 3 mil anos. Mas se hoje folheamos um livro com reproduções das peças que nos parecem mais preciosas, verificamos que as imagens escolhidas dizem respeito quase sempre a figuras marginais dos grandes afrescos, precisamente àqueles momentos em que o artista pôde se livrar das normas codificadas, encontrar novos graus de liberdade para exprimir uma elegância, uma ternura, ou mesmo a força de um caráter, que a repetição codificada não deixava transparecer. No entanto, por que o efeito esterilizante da repetição codificada, no caso da pintura egípcia, mostra-se mais profundo do que em outras, como no caso das artes acadêmicas do século XIX? Ela não só estipula previamente, na conformação da imagem, as formas das figuras principais, mas ainda o tamanho e a disposição de suas partes. Um grande mural tanto é lido como se faz ver em múltiplos planos, de modo semelhante ao que se percebe na estátua do nome "Ramsés". Um quadro egípcio é ao mesmo tempo imagem e texto, de tal modo que quase todos os seus momentos são postos numa ordem narrativa. Não sobra pouco espaço para a beleza, a não ser a primeira impressão da monumentalidade, da grandeza do fato *ilustrado*? Note-se que isso não acontece com a seqüência narrativa de um Giotto que, de um lado, trata de ilustrar episódios da vida de um santo, e, de outro, cria internamente seus próprios espaços. O espaço configurado para vir a ser texto não ilustra o perigo de jogar a imagem visível para o lado da palavra e assim perder os graus de liberdade necessários à boa arte?

Se ambas mostram a presença de uma ausência, como distinguir, então, a bela presença ausente daquela outra reconhecidamente feia? A estátua-hieróglifo de Ramsés aponta um caminho. Bela é a obra que guarda em si a possibilidade de multiplicar as ocasiões em que ela vem a ser dita bela. Para que esse enunciado não seja tolo é mister explicar como funciona essa virtualidade inscrita na obra. Um hieróglifo pode ser dito, por assim dizer, mais gracioso do que outro, mas somente começa a ser belo quando sua imagem, em vez de ser ícone de uma criança chupando o dedo, se *constrói* para encaminhar outros hieróglifos que se desfazem. Em contrapartida, o hieróglifo de uso comum nem é belo nem é feio, de sorte que a aqui-semelhança entre a imagem e o imageado está fora do jogo da beleza.

III.5 Sabemos que uma das grandes descobertas do gênio humano foi ter separado os sons das palavras em fonemas, tanto do ponto de vista da articulação dos sons como do de suas diferenças pertinentes postas para transmitir informações. Só assim foi possível associar mais ou menos trinta sons a determinadas figuras e inventar uma escrita capaz de gravar todas as línguas faladas pelos seres humanos. A palavra escrita, a não ser nas onomatopéias, perde qualquer semelhança com seu significado, atingindo grau de abstração nunca atingido pela escrita hieroglífica. Isso não impediu, todavia, que se considerasse a estruturação da linguagem do ponto de vista da imagem. Não é o caminho seguido por Wittgenstein, no *Tractatus?* Ele toma a proposição como *Bild*, figuração, imagem de fatos possíveis, na medida em que os nomes poderiam ser conectados ou desconectados no nível da proposição, segundo afiguram virtuais capacidades de ligação de objetos elementares. Sabemos igualmente que o próprio Wittgenstein abandonou essa interpretação, entre outros motivos, porque não há como pensar qual o limite da análise que levasse a tais elementos simples. Mas isso nos proíbe de procurar qualquer conivência da pintura com a linguagem? Estaríamos condenados a pensar o ir além do quadro apenas como presença de uma ausência, projeção de um horizonte, sem nenhuma estruturação interna, como tentou nos convencer a estética romântica? Em contrapartida, parece-me que, ao deixar de pensar a proposição como imagem para tomá-la como jogo de linguagem, a saber, articulações de elementos relativamente simples vinculados a atividades de reconhecer e vincular tais elementos, Wittgenstein nos prepara para considerar a imagem pictórica como *prontidão* para a linguagem, como jogo de linguagem não-verbal que transforma o quadro num modo de fazer ver.

Já que estamos nos reportando a Wittgenstein, examinemos um de seus últimos textos, relativo a uma questão semelhante.[48] Ele pergunta "como se entende uma frase musical?" A essa pergunta em geral se dão as mais diferentes respostas, nem todas contudo se exprimindo em termos musicais: um gesto, um passo de dança, a expressão de uma vivência e assim por diante. Diante de tais exemplos cabe a dúvida: se a dança é o que importa, não seria melhor que *ela* fosse atualizada em vez de passar pelo desvio da música? Mas tudo isso é um *mal*-entendido, esclarece o filósofo. Onde ele reside? Creio que a resposta vem em seguida:

> Devo, porém, dizer (quando rejeito representações, sensações de movimento etc. como esclarecimento) que o entendimento é uma vivência específica, não sendo mais analisável? Pois bem, isso funcionaria se não devesse significar um *conteúdo específico de vivência*. Porquanto mediante *tais* palavras pensamos distinções como aquelas entre ver, ouvir, cheirar.

Para que a resposta funcione não é preciso, pois, mostrar como essa experiência articula elementos relativamente simples que ecoam em diversas dimensões sensíveis, na medida em que se reportam a palavras. Noutros termos, aprender a ser levado pelo ver prepara o terreno para ouvir e até mesmo cheirar de forma específica, desde que se tenha aprendido a falar.

O problema é colocado no nível gramatical, já que se quer estabelecer o sentido da expressão "entender de música". O primeiro passo no sentido de encontrar uma solução consiste em abandonar o paradigma segundo o qual toda significação visaria antes de tudo ser precisa, de sorte que poderia relacionar-se com outras sem a âncora de zonas cinzentas de ajuste. Aliás, mesmo os termos precisos de um sistema formal sempre apre-

---

48. *Culture and value* (Chicago: The University of Chicago Press, 1984), pp. 69-70.

sentam momentos de indefinição ligados à possibilidade de seu uso. A palavra "linha" tem sempre o mesmo sentido ou varia segundo variam as geometrias? Isso se percebe ainda mais quando a linguagem fala do real. Já nos vários jogos de linguagem em que comparece o significante "mesa", torna-se impossível determinar com rigor e precisão seu significado, pois nem sempre o distinguimos daquilo a que a palavra "bancada" se refere. Além do mais, o que "mesa" denota quando digo "Ponha o assunto na mesa"? Cada sistema simbólico denota a seu modo, sem que seja necessário pressupor uma espécie de linguagem adâmica em relação à qual as outras se mediriam. Por que, pergunto eu, em vez de negar de vez o caráter simbólico do objeto de arte, não indagar como suas partes se destacam em elementos relativamente simples e, na medida em que criam entre si relações internas fracas, isto é, apenas sugeridas, passam a remeter ao mundo conforme nele se enxerta o mundo de um artista? Como um trecho musical denota? Embora não se refira a uma situação possível do mundo, não se apresenta como movimento de articular sons, de emprestar-lhes certa necessidade, que por sua vez ecoa num passo de dança ou numa expressão facial?

A imprecisão de "entender esta sonata musical", por conseguinte de "entender de música", atinge o conteúdo denotado de forma muito peculiar. Descrever certas vivências *pode* servir para mostrar que alguém compreende a sonata, desde que também seja capaz de tomar um passo de dança como exemplo do entendimento procurado. É como se houvesse leve semelhança de família entre os exemplos mostrados, servindo para indicar que tal pessoa, no final das contas, entende de música, está *treinada* para se comportar *corretamente* diante dessa sonata ou de outra peça. Mais ainda, porque entender de música é forma de vida, ensinar alguém a ouvir música equivale a ensinar-lhe *noutro* sentido o que é entender, isto é, ampliar o próprio sentido de entender. Essa ampliação de sentido e alargamento de uma forma de vida se enriquece conforme se conquistam outros universos simbólicos. E o trecho de Wittgenstein termina:

> Ora, levar a entender será ensinar-lhe *noutro* sentido o que é entender; isso não se faz por um esclarecimento. Também por certo levá-lo a entender de poesia ou de pintura pode contribuir para entender de música.[49]

Entender uma sonata não é sabê-la de cor, defini-la como se define um conceito matemático ou uma categoria histórica, mas *saber mostrar* que se entende. Se não sei se é verdadeira uma frase pela qual outra pessoa enuncia que está *vendo* algo a não ser que ela o *mostre* (o que sempre deixa uma auréola de dúvida no ato de entender); igualmente somente entendo o significado de uma bela obra de arte, *mostrando-o*, à medida que mobilizo meios diferentes daqueles que, em vez de apresentar, apenas representam diretamente seu sentido. Ao contrário do poeta, o pintor somente *mostra*, criando imagens que, em virtude da articulação de suas partes, *mostram* o que ele e nós passamos a entender juntamente. Note-se que, em vez de residir na origem, a mimese comparece no jogo do entendimento.

Wittgenstein observa que o entendimento da música é exteriorização da vida (*Lebensäusserung*) dos homens. Esforço-me neste livro para conferir um estatuto lógico, por conseguinte ontológico, a essa exteriorização, procurando encontrar os mediadores que fazem de um quadro uma espécie de moeda do espírito. E me apóio sobretudo na tentativa de compreender o modo de ser do objeto, seu modo de ser exterior e efetivo e, dessa maneira, como vem a servir de elo entre as apreciações que se fazem dele. Desse ponto de vista, a primeira tarefa não é expli-

---

49. Idem, p. 70.

car como vem a ser imagem de...? De forma muito intrigante as figuras ambíguas também são imagens e jogam com o mesmo e o diferente de modo semelhante a qualquer imagem. Se no mesmo desenho vejo ora um pato, ora uma lebre, também numa imagem ora vejo o imageado ora traços no papel. Essa congeminação do mesmo e do diferente não se reduz à variação de uma figura com seu fundo, como pretendeu a Psicologia da *Gestalt*. Em primeiro lugar, porque a visão da mudança de aspecto depende da vontade, o que não acontece com a visão da coisa. Diante de Tiago, se o vejo e não fecho meu olho, não posso me furtar de vê-lo. Mas é possível que me peçam, ao apresentar-me um hexágono com duas cruzes justapostas, que veja agora a cruz preta e depois a branca, assim como que veja Tiago sentado e, depois, nadando. Em segundo lugar, porque não basta levar em conta as relações internas mantidas pelas partes da figura. Essas relações variam conforme se altera o modo de ver. Não é o que ensina a forma pela qual se estabelece uma relação necessária entre a aresta e a secante no exemplo dos degraus ambíguos? De um lado, o degrau côncavo *visto* se dá ao lado de outros degraus *existentes* da mesma espécie, assim como cruzes ao lado de outras cruzes, patos de outros patos e lebres de outras lebres. O conteúdo da imagem ocorreria junto de muitas outras coisas existentes no mundo. Desse modo, entre o conteúdo da figura e outros objetos do mesmo tipo forma-se, no dizer de Wittgenstein, uma "correta 'multiplicidade'", como se nela também se visse, ao contrário do que ensina Köhler, uma referência (*Bedeutung*). Mas isso somente acontece porque fomos ensinados a reconhecer degraus, vale dizer, aplicar regras, critérios, que discriminam degraus de outras coisas.

No entanto, o mais extraordinário é Wittgenstein nos mostrar que o ver a alteração de aspectos implica a vivência de uma *prontidão* (*Bereitschaft*) para um determinado grupo de pensamentos.[50] De que modo uma mudança de aspecto prepara um pensamento, vale dizer, uma expressão que pode ser dita correta e incorreta? Se alguém me mostra uma lebre ou uma imagem de lebre e pergunta "O que é isso?", naturalmente respondo "Uma lebre". Suponhamos, porém, que, andando pelos campos, vejo um animal saltando diante de mim e exclamo "Uma lebre!". A palavra veio do fundo da garganta como exclamação, *mostrando* surpresa, mas o reconhecimento da coisa já traz em si um pensamento sobre ela. Mas, além disso, só *reconheço* o animal como lebre porque coloco o visto no contexto de outras lebres. Mas para isso é preciso *ter aprendido a reconhecer* lebres. No meu caso, asseguro que não a distinguiria de um coelho. Desse modo, a mudança de aspecto está ligada a uma técnica cultural ligada a uma forma de vida. Um filósofo municipal freqüentemente não distingue lebres de coelhos, mas, depois de aprender a separar os distintos, embora aparentados, significados do verbo "ver", cabe-lhe aprender também que o conceito de mudança de aspecto está ligado à vivência de uma significação, ao seu lado de mostrar, assim como ao conceito de representação. Não deve esquecer, porém, que a presença da variação o obriga a pensar *livremente* para conferir-lhe um sentido, pensamento que, de um lado, vem a ser a montagem de um sistema simbólico, e, de outro, ao depender da vontade, tece graus de liberdade na medida em que cruza relacionamentos do visto se mostrando de modo quase necessário.[51]

É por isso que, em vez de começar meu estudo da imagem pela análise da imaginação ou do imaginário, trato de examinar as condições em que ela é *dita* imagem de...; na medida em

---

50. *Bemerkungen über die Philosophie der Psychologie* (Frankfurt: Suhrkamp, 1984), p. 870.
51. Cf. meu livro *Apresentação do mundo* (São Paulo: Companhia das Letras, 1995).

que certos objetos são vistos *como* algo conforme essas diferenças estão ligadas à gramática do verbo "ver". Se encontrar no meio do caminho problemas fenomenológicos propostos pela visão da própria imagem, passarei a estudá-los tendo como referência a dualidade implícita na gramática desse verbo, o ver algo e o ver como, pois somente assim *aprenderei* a distinguir esta imagem, por exemplo, daquela miragem. Diante de uma tira de papel apresentando os dados de um eletrocardiograma, um leigo nada mais enxerga do que a fita e rabiscos *nela,* mas o cardiologista vê uma imagem que lhe traz dados preciosos a respeito do estado do coração. O que está *no* suporte somente é visto como imagem depois de um aprendizado comum a certo grupo de pessoas, as quais aprendem a ver de forma semelhante algo *como* algo. Noutros termos, se não sei dizer *como* vejo, não sei lidar com imagens. Por isso mesmo necessito levar em consideração que, se eu mesmo não posso duvidar do que vejo, posso duvidar do que um terceiro diz que vê, dúvida que somente pode ser dirimida conforme ele *mostra* que vê *como* o que *diz.* Não é nesse jogo que se exprime o pintor como se ele fosse um falante que, em virtude de um acidente, perdesse a capacidade de falar fluentemente, e, nessas condições, tentasse comunicar-se mostrando que veria de certa maneira expressiva? Seja como for, nosso ponto de partida para estudar a pintura é um estoque de imagens, cada uma vindo a ser traços num suporte que falantes, iguais a nós, nos legaram. Para entendê-las, parece de pouca valia vasculhar os propósitos originais dos autores ou seus sentimentos íntimos, pois o que me importa é uma série de obras ao mesmo tempo fato e norma, articulando-se numa forma de espírito. Daí o enraizamento de uma obra de arte num mundo espacial e temporalmente determinado. Noutros tempos se usavam arcos e flechas. A presença de uma flecha já é indicador de direção, mas quando a colocamos num poste para indicar para onde se *deve* andar para se atingir tal cidade, estabelecemos um *critério* pelo qual *julgamos* se este ou aquele caminhar com o intuito de chegar a essa cidade é adequado ou inadequado, impondo a ele uma bivalência que prenuncia um pensamento. Em que medida um quadro instala flechas impondo modos de ver correta ou incorretamente?

Se, para analisar a imagem pictórica, em vez de pressupor III.6 aprendida a gramática do verbo "ver", tomamos como ponto de partida a distinção fenomenológica do "ver algo" e do "ver algo *em* algo", não há como evitar os labirintos do psicologismo. Não é o que percebemos no intrigante livro *A pintura como arte*, de Richard Wollheim?[52] O autor parte da constatação muito simples de que os pintores costumam se afigurar marcando uma superfície a partir da observação de um modelo. Se essas figuras circulam entre espectadores é porque todos pressupõem que cada um deles possui três capacidades perceptivas fundamentais: a potência de a) ver algo numa superfície, o que mobiliza uma fenomenologia do *ver em*; b) de captar uma expressão; c) de experimentar deleite visual. O pintor e o espectador podem, além disso, seja ver a própria superfície, seja ver a figura marcada *nela*, de sorte que o objeto apresenta uma característica dualidade fenomenológica. Mas ao cruzar fenomenologia e psicanálise, como Wollheim dará conta do juízo estético, do jogo de asserir o belo e o feio, sem reduzi-lo a um fenômeno de sensibilidade coletiva? Mas assim não se perde o caráter normativo, de critério, desse juízo?

Segundo Wollheim, o artista se propõe a "marcar a tela de modo a assegurar que o espectador não se limite a reconhecer, mas ver, ver no quadro, o que ele quer representar".[53] Em suma,

---

52. *A pintura como arte* (São Paulo: Cosac Naify, 2002).
53. Idem, p. 52.

o quadro é veículo de uma intenção, querer mostrar um modo de ver, mas para tanto necessita marcar na superfície uma dualidade visual: ela é algo que se vê e nela igualmente se vê algo. Essa dualidade primordial é anterior lógica e historicamente à própria representação, pois o ato de ver *em* somente chega a seu nível de abstração depois que se define aquilo que é visado pelo "em". Wollheim lembra que Leonardo aconselhava o jovem artista a aprender a ver numa parede manchada figuras diversas e remete ao diálogo entre Hamlet e Polônio sobre as nuvens de formas passageiras. Foi por isso que, no primeiro ensaio, retomei os mesmos exemplos para tentar interpretação diferente.

Fixado o aspecto, por conseguinte a representação, esse algo visto se define de modo muito peculiar, pois passa a corresponder àquilo que o artista pretendeu afigurar. Em vez dos aspectos estarem se alternando diante do olhar, um deles é fixado, o que revela intenção de regular o olhar do outro, de sorte que se instala um padrão psíquico e social do correto e do incorreto:

> em uma comunidade em que o "ver em" está firmemente consolidado, um de seus membros — vou chamá-lo (prematuramente) de artista — se põe a marcar uma superfície com a intenção de fazer com que os outros ali enxerguem uma coisa definida: um bisão, por exemplo. Se o artista for bem-sucedido em sua intenção, de modo que se possa ver um bisão na superfície marcada, a comunidade concordará que uma pessoa que de fato enxerga um bisão está vendo a superfície corretamente, e quem enxerga outra coisa, ou nada enxerga ali, está vendo a superfície incorretamente. Agora sim, a superfície marcada representa um bisão. Portanto há representação quando à capacidade de "ver em" se impõe algo que até então lhe faltava: um padrão de correto e incorreto. Esse

padrão é estabelecido, para cada pintura, pelas intenções do artista na medida em que elas se cumprem.[54]

Pergunto: a tarefa é explicar como se aprende a ver algo numa superfície ou ver o aspecto na coisa ou na superfície? Ora, o próprio ver algo não pressupõe que esse algo seja individualizado, por conseguinte que se veja a mesa como mesa e não quatro pés e um tampo? Se isso se explicasse porque a visão dependeria do *conceito* de mesa, então antes de ver a mesa o sujeito mobilizaria o juízo de ver isto (as sensações) sob a unidade conceitual mesa, o que reintroduz a problemática do ver *como*. Prefiro seguir Wittgenstein e colocar a questão no nível da gramática do verbo "ver", em vez de supor um entendimento dirigindo o olhar.

Convém lembrar que Wollheim estende sua explicação baseada no "ver *em*" até mesmo para um quadro abstracionista, pois nele o artista pretenderia afigurar, por exemplo, formas geométricas ou manchas esvanescentes. Para Wollheim importa antes de tudo descrever a experiência típica adquirida pelo espectador, que se torna capaz de olhar para uma superfície marcada pelo artista e ver o que este está querendo representar a seu modo, e assim sua forma de sentir, de criar metáforas e assim por diante. Se o espectador experimenta corretamente o visado pelo produtor, trava-se entre eles uma relação regulada por um padrão habitando o quadro, algo no qual algo se vê, na medida em que vem a ser marca do que o artista quer ou vem a ser. A dificuldade, porém, está em elucidar a dimensão simbólica desse padrão. Não me parece caber dúvida de que a intenção de representar instala no quadro uma bipolaridade, mas o desafio é explicar como alguém aprende a ver, numa superfície, algo que o pintor quer fazer ver, ou explicar como o espectador vê na imagem de algo conhecido por todos nós *aspectos* de tal modo *transformados* que

54. Idem, p. 48.

o quadro seja *dito* (*julgado*) *belo* por ele independentemente das intenções do pintor. Não creio que a tarefa seja elucidar como se vê algo em algo, mas sim a beleza da imagem, bem como o seu modo de lidar com o imageado. Não é a representação fiel, como Wollheim ressalta, que faz com que um quadro seja julgado belo, nem me parece suficiente, para um juízo que se quer universal, recorrer, de um lado, à intenção do artista, explícita ou tácita, e, de outro, à capacidade de os espectadores *identificarem-na*, capazes então de distinguirem nessa intenção estados psicológicos transmissíveis. Um juízo sempre é mais do que manejo de estados da alma, pois, ao servir de critério de comportamentos determinados, os põe como existindo possivelmente. Quando se mostra ou se afirma que essa norma brota do fato, não é por isso que se explica como ela funciona como norma.

Reexaminemos um exemplo de Wollheim. Lembra ele que Edouard Manet, como tantos outros artistas, se apropria de temas, procedimentos etc. elaborados por seus antecessores. Atentemos para o modo pelo qual o pintor retoma o tema tradicional da corrida de cavalos. Desde logo o inova, pois flagra a chegada dos animais pela frente, dificultando o reconhecimento do cavalo vencedor, o que confere à cena certa indefinição. "Mas por que o artista envereda por esse caminho?", pergunta Wollheim. Nota que essa indefinição se repete em outros trabalhos, mesmo quando retoma a perspectiva tradicional, como acontece com *As corridas do Bois de Boulogne,* de 1872: a costumeira cena de chegada é vista parcialmente, pois a figura do quarto cavalo aparece truncada. Assim sendo, ao se apropriar da tradição, Manet *muda um dos seus aspectos* como se estivesse se medindo com eles. E Wollheim conclui:

> É evidente que [essas obras] foram produzidas por um artista que ao mesmo tempo colhe referências de outros artistas e continua a

admirá-los. Mas ele também se preocupa com que a dívida não se transforme em inferioridade e, para isso, procura com todos os recursos a seu dispor fortalecer seus laços com o artista no qual buscou referências, ao mesmo tempo em que, sem enfraquecer sua relação com sua imagem apropriada, complica-a, desdobra-a, e a obscurece. Ele não é invejoso, mas certamente teme a inveja.[55]

Isso não acontece com todos os artistas que se reportam explicitamente a uma tradição? Alem do mais, esta me parece uma hipótese como muitas outras, unicamente cápaz de ser confirmada pelo estudo da biografia do pintor, não do conjunto de sua obra. Por que o novo recorte de uma cena há de ser compreendido à luz de uma competição entre artistas? Por que configura inveja? Compreendo que se leia um quadro, ou melhor, uma série deles, mostrando como um artista se apropria de trabalhos anteriores, se relaciona com eles positiva ou negativamente, enfim, que o objeto artístico construa uma ponte entre o artista e o espectador mediante uma tradição a ser lida e relida, o que provoca correntes de percepções, juízos, emoções etc. Não faço objeção a que o crítico de arte, na busca do *sentido* de uma obra, exprima o que sinta em relação a ela e investigue aquela intenção que poderia ter norteado a atividade do pintor. Mas não julgo um quadro belo porque vejo nele o mesmo que o pintor viu com uma determinada intenção, não considero o juízo estético como processo de transmitir informação, pois a informação bem transmitida de uma intenção ou de um sentimento não afeta a qualidade da obra artística. Nada mais expressivo do que uma ópera de Bizet, mas não é por isso que a comparo a uma ópera de Mozart. Pouco me interessa se Manet não é invejoso, mas teme a inveja, não procuro nas figu-

55. Idem, p. 243.

rações da corrida de cavalo a projeção de algum traço de seu caráter ou de sua mania de competir. E se a encontrasse não entenderia como integrá-la diretamente no juízo estético. De minha parte interessam as formas, as cores, os modos de individuação e fusão dos animais etc., na medida em que sugerem uma necessidade ainda que fluida. Se nada soubesse da vida de Manet, continuaria julgando o quadro belo, assim como me apaixono por uma escultura africana abstraindo dela o sentido religioso e cultural que guiou a mão do escultor.

Em resumo, fui *treinado* a ver obras de arte deixando de lado quase tudo o que podem me transmitir a respeito dos estados da alma. Se Van Gogh fosse um pacato burguês holandês seus quadros não deixariam de ser belos — ou seria necessário, caso sua biografia fosse desconhecida, construir um pintor louco para explicar suas telas? Por certo, um quadro transmite impressões psicológicas, mas elas partem do quadro como algo estruturando o que está inscrito na imagem como momentos dela e, se remetem a estados psicológicos, não é por isso que devam ser integrados e fundidos na identidade de um autor. Por isso confiro outro sentido a esses quadros, diferente daquele atribuído pela análise psicológica de Wollheim? Talvez. Sei desses estados de alma pelos discursos verbais ou corporais armados a partir do quadro, de Wollheim e de outros espectadores, mas eles só interessam se de certo modo confluírem na mesma direção, cada um ecoando a seu modo uma espécie de fantasma estruturante que somente se incorpora adotando um ângulo que eu não posso assumir. No entanto, nada me garante que essa sucessão de discursos, de gestos, de mostras, embora por certo dependendo de uma fonte subjetiva, chegue a sedimentar-se na unicidade de um sujeito. Mesmo que isso acontecesse, esse sujeito não seria mais o pintor Van Gogh, mas o espectador ideal de seus quadros. Se o juízo caminha nessa direção, esse percurso só pode ser avaliado pela análise do próprio quadro, primeiro, como objeto construído como suporte e imagem, segundo, pelas regras necessárias que se criam na dualidade entre os elementos da tela e das figurações esboçadas. Reconheço que a existência dessa teia implica entendimento mútuo, mas, por isso mesmo, implica aprendizado que somente interessa ao juízo estético se for travado no contato com telas uma a uma. Não é por meio delas que se constitui a série que depois será de um artista, de um movimento e assim por diante? Desse modo, um determinado quadro situa-se no universo de outros quadros, na sua ambigüidade de objeto e logos emergente, localiza-se no mundo de Van Gogh, no mundo da pintura e, por fim, no mundo do espírito. O objeto belo se move entre o artista e o espectador como uma espécie de amuleto, símbolo intermediário *incompleto*, que vai ganhando sentido conforme juízos dos espectadores, de críticos e de outros artistas vão se depositando na imagem social que dele se constrói. Algumas vezes, em contrapartida, como no caso da *Mona Lisa*, é preciso caminhar no sentido inverso da crosta que se cristalizou na sua representação social, a fim de que a beleza brilhe sob o verniz da inautenticidade.

Um quadro nos apresenta algo virtual, mas nos faz ver III.7 ainda *modos de operar* determinando atividades possíveis e configurando um *entorno* de atividades impossíveis, embora virtualmente possíveis na medida em que se logra transformar tais modos. Convém lembrar que essa é condição do processo de raciocinar válida até mesmo no plano dos conceitos científicos. Vejamos o caso clássico dos números. É ilusório imaginar que, contando os dedos, se chegue a uma *definição* dos números inteiros, isto é, de uma figura meramente conceitual, para em seguida chegar às frações e, desse modo, alcançar a definição dos racionais e dos imaginários, como se cada definição surgisse do alargamento da definição anterior. Por certo cada salto implica superar um obstáculo, que não nasce todavia unicamente das deficiências de sua definição, pois está ligado à prática de lidar com os próprios números; e se tais procedimentos não estão *inteiramente* determinados pela expressão definidora, não é por isso que deixam de rebater sobre ela. Um exemplo: a definição axiomática dos números naturais proposta por Peano cria um universo de objetos possíveis e impossíveis conforme seus axiomas vão sendo interpretados. Uma das virtudes da axiomatização é abstrair a maneira pela qual o número inicial da seqüência vem a ser entendido, seja como zero, cem ou a imagem que se reitera a' si mesma até o infinito, como aquela encontrada nas embalagens cujos rótulos espelham a si mesmos. Mas é precisamente essa indeterminação que revela o funcionamento aritmético do sistema.

A história do conceito de número mostra igualmente como cada concepção de número inteiro está ligada a uma técnica de lidar com as operações possíveis. Os gregos descobriram o irracional ao tratarem de vencer os obstáculos que se levantam quando cada número é pensado da perspectiva da grandeza medida por ele; por isso ele lhes parece somente ter sentido sob o aspecto desse processo de mensuração e assim por diante.[56] Basta lembrar ainda como a invenção dos algarismos arábicos e a introdução do zero permitiram operações dificílimas ou impossíveis quando realizadas segundo a notação romana. Desse modo, inseridas no contexto de seu emprego, as várias definições de número, cada vez mais amplas, não se sucedem, pois, como se houvesse um empuxo, a mão invisível da razão, capaz de transformar a definição dos inteiros a fim de que vies-

---

56. Cf. Gilles-Gaston Granger, *L'Irrationnel* (Paris: Odile Jacob, 1998), capítulo 1.

se a dar conta das operações com frações e assim por diante, graças ao procedimento de ampliar as regras do sistema simbólico, por conseguinte dos entes possíveis denotados por ele. A passagem dos números racionais para os números reais depende de conquistar a irracionalidade de $\sqrt{2}$, do modo pelo qual uma suposta medida *efetiva* dos catetos de um triângulo retângulo, cada um medindo 1 m, deve ter, em virtude do teorema de Pitágoras, sua hipotenusa medindo $\sqrt{2}$. Fora dessa medida efetiva, a irracionalidade não perturba e estaria condenada à zona cinzenta que circunscreve todo procedimento racional.

Considere-se ainda que a aritmética, pitagórica ou platônica, não perseguia uma axiomática que pudesse *definir* a sucessão dos números na base de regras bem estabelecidas, mas tratava de classificar os números como objetos *existentes* (embora a natureza dessa existência fosse discutível) em vista da oposição do par e do ímpar, sem apelar para sua decomposição em fatores primos. A análise dessa classificação encaminhava a demonstração aritmética da irracionalidade de $\sqrt{2}$ pela redução ao absurdo.[57] Torna-se assim evidente que a vitória sobre o obstáculo estava ligada tanto ao modo de conceber a existência do número inteiro quanto às facilidades e às inadequações de seus empregos, vale dizer, de uma prática de numerar e medir. Ao deixar de lado a decomposição dos números em seus fatores primos, os gregos passaram a atribuir a eles um modo de existência que prejudicava sua explicação como estrutura, o que dificultava um tipo de definição como aquela dos modernos. Em suma, vencer o obstáculo consiste em encontrar resultados razoavelmente convergentes, assim como em inventar meios técnicos que permitam essa convergência. Mas disso resulta que o obstáculo a ser vencido não reside numa exterioridade qual-

---

57. Cf. Jules Vuillemin, *Mathématiques pythagoriciennes et platoniciennes* (Paris: Albert Blanchard, 2001).

quer do conceito, como se a negação do número inteiro se reportasse a qualquer outra entidade quantificável, como se a negação fosse apenas aquela determinação que o isola de *todos* os outros números e de suas propriedades, indiferentes ao seu uso. A história do conceito se liga tanto às formas pelas quais é definido, identificável, quanto à mobilização de tudo aquilo que se torna necessário ao emprego de tais identidades formais.

Dizer tão-só que a determinação é negação implica ignorar que cada determinação se trava com outras mediante signos dotados de certas virtudes, ignorar que o determinar circunscreve certo âmbito de determináveis possíveis e impossíveis, assim como abre uma terra de ninguém entre os determinados e os determinantes. A determinação carece de certas fissuras para poder funcionar. A negação depende, assim, do sistema de sinais que ancora o ato de determinar e de negar, sistema cuja identidade fluida depende igualmente do funcionamento do jogo de linguagem como um todo. Em poucas palavras, a determinação não se exerce como se fosse ato de desenhar, como faz um compasso rígido, círculos numa folha de papel; opera como se construísse bolas num espaço tridimensional, mas para isso deformando os contornos, o espaço e o próprio compasso, a fim de que entre eles circule a linfa da indefinição. No lugar de uma razão iluminista, rede identitária sendo lançada ao mar para distinguir, de seu único ponto de vista visualizante, o verdadeiro e o falso, o bom e o mau, o adequado e o inadequado, o belo e o feio e assim por diante, surge o trabalho epocal e coletivo de construir, depois de ter sido escolhido um ponto estratégico, sistemas simbólicos em relação aos quais nossas condutas e nossas obras possam ser ditas legítimas ou ilegítimas, vale dizer providas ou não de razão. A pintura não consiste num desses processos de dar razão ao ver, por conseguinte numa forma de razão? Foi por isso que, num texto sobre arte como este, me vi forçado a falar de conceitos formais, pois de um lado ou de outro o que importa é a constituição de certas regras que permitem avaliar se são ou não seguidas adequadamente. Desse ponto de vista, a arte também é conformação de certa racionalidade, embora para isso não seja necessário pensar a razão como uma faculdade definida. Obviamente tudo isso se faz na trama do próprio processo de escolha do ponto de partida. Trabalho, portanto, de construir sistema de padrões de medida que tanto medem quanto se medem e se desmedem. Mais do que uma dialética negativa, mais do que uma dialética da ambiguidade, surge a possibilidade de uma dialética construtiva de sistemas simbólicos. Mas para isso se paga o preço de fazer da razão o percurso desenhando semelhanças de família entre tais sistemas, um fio entre eles que se quer vermelho, mas sempre apresentando nós e rupturas a desafiar nosso esforço. Se não há razão na história é porque a razão tem suas histórias.

Não é nessa zona de indefinição que o novo se instala? Por isso o novo sempre se tinge pelo velho, ou, recorrendo a uma imagem de Schelling que não deixa de me fascinar, o cone de luz da razão, no caso da pintura, de dar uma ordem a aspectos visuais das coisas, determina seu cone de sombra. Um determinado jogo de linguagem, considerado, sobretudo, do ponto de vista de seu exercício, possui dessa maneira vocação interna para suas possíveis renovações. O pintor vê o novo no antigo, seja no objeto cotidiano, seja nos quadros de outros pintores, de sorte que aspectos de objetos e imagens se entrelaçam na produção de sua obra. Esta, por sua vez, se integra no sistema de *suas* obras, de sorte que elas colocam uma subjetividade que está no mundo porque constrói seu mundo.

A primeira tarefa consiste, pois, em explicar como o juízo III.8 estético refrata a referência para fazer ressaltar aspectos da construção da própria imagem. Além da curiosidade histórica, pouco me importa se vejo num retrato o escritor e cortesão Castiglione ou um jovem da família Riminaldi. Por certo o que sei e posso *dizer* daquele fidalgo, escritor de um livro de boas maneiras, e o que não sei do jovem veneziano, mas posso *dizer* de sua família e de seu modo de vida, serve para encaminhar meu olhar, mas desde logo, na busca dessa referência, sou aprisionado pela viscosidade do caminho, pelo modo de pintar de Rafael e de Ticiano. Mas esse modo de pintar, inscrito no quadro, visto e dito de várias maneiras, se cria uma harmonia, não a reduz a uma articulação de estados psicológicos, pois ela, como na música, depende de proporções entre os tons. No quadro essas proporções estão inscritas como numa partitura, mas o que nela interessa é a beleza de sua escrita, de seu papel e assim por diante, até que se arme um jogo entre seus elementos em que o sentido musical soe apenas nos bastidores. Articula-se, desse modo, um jogo de linguagem pré-verbal, que reside na tela como uma partida de tênis reside na quadra e que aprendemos a ver conforme nos tornamos familiarizados com as obras de um pintor. Entre meu olhar e a superfície do quadro se inscreve um objeto-significante tendo sentido efetivamente plástico, signos condutores de minha atividade de ver. Por isso, meu olhar tanto ressalta o visível como projeta o invisível, tanto configura um cone de luz, de cores, de formas, como prefigura um cone de sombra específico, um lado invisível que tende a se mostrar.

Lidando com a tradição, digerindo informações que lhe trazem o momento histórico em que vive e a maneira aprendida de trabalhar, o pintor se lança na construção de um quadro. Como Picasso, no filme de Clouzot, traça linhas, combina cores e formas, procurando dar referência e sentido para elas, seja na medida em que se possa ver algo na tela, isto é, fazer dela uma superfície representante de algo cuja configuração pouco importa se vem a ser de lebre ou de pato, de guitarra ou vaso; seja na medida em que arma linhas, formas, cores etc., todas elas se deformando para criar focos de tensão que as abracem num todo. E a imagem construída muitas vezes conserva pequenas nuanças de outras que lhe serviram de esteio.

Terminado o quadro, cabe ao espectador retomar essa tarefa criativa, mas agora guiada antes de tudo pela imagem que tem diante de si, na qual vê algo, mas *sobretudo* para ver nela mesma um percurso a juntar e a separar conexões entre linhas, cores, tons e assim por diante. Tudo se passa como se o quadro fosse partitura impondo normas aos percursos do olhar. Conforme o espectador se deixa levar por essas necessidades, ele pensa tanto essas mesmas necessidades como todas as outras cada vez mais quebradas que seu trabalho faz surgir. Algumas vezes, ligando-as a outros quadros do mesmo pintor, a outros do mesmo estilo ou contraposto a tudo o que acabou de ver. Talvez lhe venha à mente uma frase musical, uma cena de filme. Mas essa divagação é sempre interrompida pela presença do quadro impondo novas necessidades, abrindo novos caminhos de conhecimento e emoção. E assim essa obra vai se *mostrando como* trabalho de um artista que pensou um tema, e a pintura, como uma seqüência de obras ligadas e separadas entre si, revistas por cada geração. Um quadro exprime, mas sem fechar, enclausurar os sentidos. Não se desempenha, então, como logos emergente? Como objeto do trabalho de alguém que põe um novo objeto num mundo em que já convivem outras obras de arte, devém ele mesmo um fulcro pulsando pensamentos, vale dizer, uma subjetividade como obra. Não é graças à circulação desses sujeitos-obras que se desenha o mundo do espírito? Não é desse travejamento de subjetividades, de imagens conformadas, de associações esboçadas, todas elas *in fieri*, que emerge o

191

trabalho do espírito humano, quando o homem se faz humano, na medida em que circunscreve o feito, o dito, o expresso, para se lançar além, para as aventuras do não-finito? O pensamento abstrato apenas sugere a existência de um mundo do espírito, mas sua comprovação se faz pela prática de outras formas de pensar. Examinemos um último exemplo para evidenciar ainda o papel dessas dissonâncias: uma extraordinária e surpreendente tela de Rembrandt, *O boi esfolado*, exposta no Louvre. Nada mais estranho do que o motivo, principalmente para um pintor pouco interessado em naturezas-mortas. Corpos esfolados já tinham aparecido em outros quadros, por exemplo, na tela *La maceleria*, de Anibale Carraci, exposta na Christ Church de Oxford, ou no *O esfolamento de Mársias* (Státni, Kromeriz), de Ticiano. Nunca, salvo engano meu, o tema vem a ser o próprio animal esfolado. Que sentido pode assumir essa representação de uma carcaça dependurada numas vigas, cuja inclinação aprofunda o espaço, tendo no fundo, ao lado, um busto de uma jovem a emergir de uma porta banhada por tênue jorro de luz, que repercute por todo o quadro sem desenhar um determinado cone? O que pode significar essa presença quase física da carne, esse jogo que substitui o claro e escuro por uma diferenciação de materiais iluminados diferentemente, brincando com tonalidades que vão do marrom ao branco-avermelhado, de sorte que ora se vê um pedaço do corpo vivo e morto surgindo de um fundo indiferente, ora se vêem manchas mais escuras, furando a carcaça, expondo-se entre as quatro patas desgarradas, ou ainda espessas placas de tinta vermelha esbranquiçada que evidenciam os pontos mais luminosos? É com alívio que se passa a observar a seu lado outras telas do mesmo pintor. Chama a atenção um auto-retrato, seu rosto envelhecido e cansado, mas, surpreendentemente nele encontramos a mesma ambigüidade de uma carne viva e morta. Sabe-se que, desde jovem, Rembrandt se perscruta no espelho, registra cuidadosamente seus estados de alma marcados nos traços do rosto, anota modificações de seu aspecto, somando observações que escrevem sua biografia visual. Mas o que quer dizer esse jogo de carne e espírito, de vida e morte, que aparece paradigmaticamente em *O boi esfolado*? Talvez a chave do enigma se encontre num pequeno e intrigante quadro, retrato de Jesus sentado diante da mesa coberta por uma toalha luminosamente branca, o Cristo ladeado por dois personagens e servido por um jovem segurando um prato de pão. Perturba desde logo sua face, que se identifica à medida que começa a se desfazer, carne que é se negando sem se apagar, flecha de seiva que se volta sobre si mesma. O título sugere uma pista: *A ceia em Emaús* retrata um episódio descrito pelo evangelista Lucas (VII). Depois da Paixão, dois discípulos se dirigem para um povoado chamado Emaús e, enquanto conversavam, Jesus se aproxima e se põe a caminhar com eles, cujos olhos, porém, estavam impedidos de reconhecê-lo. Jesus lhes pergunta o assunto da conversa. Isso os surpreende, já que toda a Jerusalém estava a comentar a crucificação de Cristo. Uns poucos ainda sabiam que duas mulheres haviam ido até o túmulo, encontrando-o vazio, e que um anjo lhes anunciara que o morto havia ressuscitado. Percebendo que eles duvidam desses fatos, Jesus lhes diz: "Insensatos e lentos de coração para crer tudo o que os profetas anunciaram! Não era preciso que o Cristo sofresse tudo isso e entrasse na sua glória?". E passou a lhes explicar os trechos do Antigo Testamento que anunciavam a Paixão e a Ressurreição. Ao chegarem à casa, Jesus, embora simule querer seguir adiante, logo é convidado a entrar e partilhar do pão. Sentando à mesa, Jesus o tomou, o abençoou, o partiu e o distribuiu entre eles. Só nesse momento, ao ver repetida a Última Ceia, os discípulos o reconheceram, mas então Jesus se tornou invisível para eles. A repetição somente identifica e confirma se tornar invisível o sujeito da confirmação. Não é assim que funciona a pintura?

Essa dialética entre o visível e o invisível é acentuada no Evangelho de João (xx), que registra uma expressão de Jesus: "Porque viste creste. Felizes foram o que não viram e creram". Não teria Rembrandt pintado o rosto de Cristo no momento em que se torna invisível? Notemos ainda que Jesus está cortando o pão. Um comentário do apóstolo Paulo sobre o corpo ressurrecto reforça essa interpretação. Nenhuma carne é igual às outras, diz o apóstolo, uma é a carne dos homens, outra a dos quadrúpedes e assim por diante, o que finalmente vale para outros objetos:

> O mesmo se dá com a ressurreição dos mortos: semeado corruptível, o corpo ressuscita incorruptível; semeado na fraqueza, ressuscita cheio de força, semeado corpo psíquico, ressuscita corpo espiritual.

A ceia em Emaús do Louvre foi pintada em 1648, mas sabe-se que, já em 1629, Rembrandt trabalhara o mesmo tema, num quadro que hoje se encontra no Museu Jacquemart-André, em Paris. As diferenças são notáveis. No quadro do Louvre os personagens circulam em torno da figura do Cristo transfigurado, cuja luz própria, refletida intensamente na toalha branca, banha as figuras dos discípulos e recorta alegremente o rosto do servidor, toda a cena sendo abraçada por uma arquitetura imponente mas difusa. Desse modo, na transfiguração do Cristo, a ambigüidade da carne desfeita está se convertendo em espírito, irradia-se como luz em círculos concêntricos, em cada um a carne se torna mais presente até chegar à naturalidade gloriosa do rosto do rapaz. Nesse ponto do quadro, é como se o espírito se fizesse natureza. Na tela do Jacquemart-André, porém, a figura de Jesus constrói um triângulo reto, mancha marrom-escura que se emoldura pela sugestão do manto e da camisa clara. É como se o lado sombrio da figura de Cristo servisse de anteparo para seu lado luminoso oculto, a fazer brilhar intensamente a parede, golpeando a figura amedrontada do discípulo, mas ao mesmo tempo encobrindo outro que apenas se delineia na escuridão do manto e de seu entorno. O casaco pendurado no muro e a mulher ocupada em sua tarefa cotidiana dividem o quadro em dois espaços, aquele da transfiguração e aquele outro da vida cotidiana, o discípulo estando na linha de transição. Nesse trabalho do jovem pintor, a despeito das mudanças significativas na densidade e na pastosidade da luz, o claro-escuro ainda é empregado na tradição de Caravaggio, prestando-se a conformar o mundo do espírito em contraste com o mundo cotidiano. Isso não acontece no quadro do Louvre. Tudo se passa como se a luz e a carnadura desfeita se difundissem em círculos, perdendo o vigor conforme se distanciam do centro, mas tingindo homens, objetos e pedras. A luz e o espírito não vêm de fora; é como se Deus estivesse em todos os lugares, seu brilho dependendo do ponto pelo qual se faz observar.

O que encontramos? Desde logo, uma linguagem técnica, o claro-escuro, mas revolucionada na medida em que, além de brotar de objetos dotados de luz própria, se alia a uma textura colorida e a uma arquitetura complementar, todos esses elementos se compondo como logos que aflora sem dizer. Não teria Rembrandt elegido, como um de seus temas favoritos, essa transformação pictórica do corpo anímico, ainda meramente psíquico, em corpo espiritual, que, como nos revela o Evangelho, passa então a comungar com o Espírito Santo? Não pretendeu fazer ver, mediante uma quase linguagem própria, um aspecto do fulgor da Revelação, que ao fazer ver também se esconde? Não é por isso que, muitas vezes, transforma os pontos mais luminosos do quadro numa maçaroca de tintas espessas: o nariz de seu rosto envelhecido, a parte exposta da barriga do boi em que se encontrava o sexo e, significativamente, o pão que corta na cena de Emaús? Tudo o que estou a *dizer* prepara o terreno para que se examine a paixão com que pinta a si mesmo, para que ela seja compreendida como empuxo de uma subjetividade que se tece graças a elementos de uma época e que se exterioriza numa série de quadros a desafiar os olhares compreensivos de seus contemporâneos, os nossos próprios e os das gerações vindouras. Não estaria procurando conferir sentido àquelas mudanças de aspecto que dia após dia já registrava nas mudanças de seu rosto? Até quando se via o mesmo, até quando se via diferente? Já em seus primeiros retratos se nota um rosto modelado, onde cada centímetro incorpora luz e sombra, uma vibração colorida que faz emergir e esconde. Estamos assim muito longe daquela atmosfera de luz que se coagula em gente e coisas e faz respirar os quadros de Vermeer; daqueles planos de luz que, desde Brunelleschi e Alberti, serviram de modelo para esculpir figuras como se elas nascessem de fora a golpes de formão; distantes ainda de um retrato de Ticiano, cujo significado interno se descobre quando se remove película por película, como se um rosto fosse a mão de que se retira a luva suave e lentamente. Se um retrato de Rembrandt tem luz própria, é porque a luz se casou com a sombra, exemplo de uma presença estruturada ensinando como está sendo interpretada e articulada *sua* ausência.

ESTA OBRA FOI COMPOSTA EM MINION PELA SPRESS E IMPRESSA
PELA PROL EDITORA GRÁFICA EM OFSETE SOBRE PAPEL PÓLEN BOLD DA
SUZANO BAHIA SUL PARA A EDITORA SCHWARCZ EM ABRIL DE 2005